Love me!!

Kanaso♡

令和Happy!!

妥協するなら
結婚するな!
無敵の婚活女［ヴィーナス］

Don't marry if you compromise!
Invincible "KONKATSU-VENUS"

杉口 加奈

Kana Sugiguchi

プロローグ

この本を手に取ったあなたは、今、絶賛婚活真っ只中、またはこれから幸せな結婚を夢見て、いざ行動に移そうとしているのかしら？

過去に、恋愛に悩み、婚活に奔走し、「うまくいかないなぁ」「私の人生って、こんなものかなぁ」と思っていたとしても、それはこれから、たった1冊の本で、あなたの人生が動き出す可能性が大いにあるということを最初に断言いたしましょう。

ただし、自分の人生に本気でなく、「とにかく結婚できればいい」と漠然と思っているのなら、今すぐにこの本を閉じてもらっても結構です。

この本の効き目は、「本気の方」にのみです。この本を読み終える時間を1時間とした場合、この投資時間は決してムダにはならないでしょう。たった1時間で、あなたの第二の麗しく輝く道が開かれるのなら、なんともお安いもの。

ちょっと思い出してみてください。

子供の頃に見たシンデレラや、学生時代に見たプリティ・ウーマンを。

きっと、あなたも「いつか私も映画の主人公のお姫様のように素敵な王子様に愛されて、幸せな結婚生活を過ごしたい」と思ったことが一度や二度はあるはずです。

でも、どうでしょう。

大人になるにつれ、周りの声や思い込みで自分を作りあげ、過去の夢は夢物話に過ぎないと思い、傷つくことをおそれて、挑戦するよりも妥協の上に納得を重ねて、周りの声を聞くようないい子ちゃんになって生きていませんか?

本当は誰もが自分の人生の主人公であるにもかかわらず、違う自分を本当の自分と思い込み、遠慮をしたり、妥協をしたり、諦めたりしている方が多いのです。

こうした生き方をしていると、婚活でも、それが顕著に現実世界の中に現れます。


さて、ここで、簡単に自己紹介させていただきますね。

「愛と富と美」を手に入れる、エネルギーレベルが高い「いい女」が集う「エグゼクティブ婚を叶える♡ヴィーナス婚活塾」を主宰している、杉口加奈と申します。

私が主宰するこの講座は、エネルギーと宇宙を味方にすることで、人生レベルでステージが変わる、恋愛術を学び婚活を制する場であり、自分の本音の欲望に素直に貪欲に「ほしいものは全部、手にしちゃいましょう♡」という贅沢かつ欲張りな婚活塾。

「エグゼクティブ婚って何？」「ヴィーナスって何？」の答えは、本書の中でお話をさせていただくとして、ありがたいことに、募集をすれば一晩で200名を超える方が受講を希望されます。北は北海道、南は沖縄まで、日本だけでなく海外から月に2回の婚活講座のために帰国して参加される方もいらっしゃいます。

人気の秘密は、「私だから」というのが本音ですが（笑）、ちゃんとその理由をお話ししますね。

私はブログで、輝く人としての在り方や恋愛ノウハウ記事やクライアント様たちの変化をリアルタイムで発信しています。おちゃらけた遊び記事なんかもありますが、そこに書くのはありのまま、本音の私です。

私のブログを初めて見たときに雷に打たれたような衝撃を受けたと言ってくださる方や、ブログの記事を自分にインストールするために、ノートに複写して実践されている方もいらっしゃいます。

私がブログを書き始めたのは、婚約破棄がキッカケ。超お金持ちの彼に順風満帆にプロポーズされ、いわゆるセレブ妻になる予定だった私。彼からの専業主婦になって欲しいという希望と、当時は仕事にもそこまで熱意がなかったため、勤めていた会社にも退職届を出していました。にも関わらず、寝耳に水の突然の婚約破棄！

その時期は1年で一番大好きな12月、クリスマスシーズン。街のジングルベルの音も煌びやかなイルミネーションも遠くの世界の出来事のようで、鮮やかなレインボー色から一気にダークグレー色に叩き落とされました。数日後に彼の家に引っ越すはずの、段ボールを積んだ殺風景な閑散とした部屋で、「彼なし・仕事なし・家なし」のホームレス状態になったのです（家は会社が家賃を負担してくれていたため、退職と同時に引き払うことになっていました）。

ですが、本来の私は、根っからの負けず嫌いで前向き。転んでも雑草でも何でもつかんで絶対に起き上がるタイプ。ただ立ち上がるだけでは満足しない。泣いて感傷的になっている場合ではない。数日後には家を明け渡さないといけなかった私は、翌日に、当時の会社社長の携帯に泣きながら電話をし、会社に戻りたいこと、そして家を何とかしてほしいという図々しいお願いをしたのです。社長の温かく優しい配慮で仕事と家は何とか取り戻すことができました。そのときの社長の厚意には、感謝しかありません。

そして、持ち前のポジティブな思考と「思い立ったら即行動」派な私。一つの出来事でも受け止め方は何通りもある。死ぬわけでもないし、私生きているし!! この出来事を活かすも殺すも自分次第だし!!と、自分らしさ、つまりは自分軸で自分の夢を叶えるために、誰にも何の遠慮もせずに輝いて生きていこうと誓ったのです。

「男の傷は男で癒す」が私の考え。早速、婚活戦線に身を投じました。

10代から、自己啓発やスピリチュアル、男性心理やエグゼクティブ男性の生態を趣味で勉強し取り入れていたことと、目標を狙い撃ちするための戦略やマインドが元から備わっていたこともあり、面白いくらいに次々と素敵な男性から真剣告白やプロポーズをされ、クリスマス時期に刺さった深いトゲは、春が来る前にはすっかり取れ、自分を取り戻したのです。

「絶対にうまくいく」成功法則を知り、調子づいた私は、婚活コンサルタントとして起業を志し、ブログで発信することにしました。すると口コミが広がり、ブログ開始3か月で商業出版オファー、起業2か月後には月商400万、10か月後には月商8桁を達成したのです。
今では月商2000万を超え、法人を2社設立するなど、仕事も絶好調。もちろん、大好きなパートナーにも相変わらず愛されていて、とても幸せな日々を過ごしています。

婚活を通して、エネルギーを上げていけば、「愛も富も美も」手に入れることができます。

あの彼とあのまま一緒にいたら、依存しまくりのワガママな女のままでした。彼は30代にして経営者であり、投資家でもあり、私が今まで出会った数多くの経営者の中でも指折り5本に入るスーパーリッチマンでした。ブラックカードを持ちながらも、家でも車でもクルーザーも現金買い。しかも似ているかどうかはさておき伊藤英明似だと豪語するくらい自信満々。彼のスペックを書くだけで、いかに私が自分に自信がないのを彼で補おうとしていたのがわかります。そんな彼とは約3年半のお付き合いの末に別れることになりましたが、今はとっても感謝しています。

ヴィーナス婚活塾の塾生は、結婚相談所に十年以上登録していた方、今まで男性とお付き合いされたことがない方、何年も男性と二人でデートをしたことがない方、自信がなく、婚活に楽しみを見出せなかった方たち。

そんなごくごく普通の彼女たちのリアルシンデレラストーリーをブログで発信していることで、「私もできるかな?」って思ってもらえているようです。

入塾時は、自分を到底美女だなんて思えなくて、自信もなく、彼なしの迷子だった彼女たちも、理想に近い男性と次々出会い、恋愛コミュニケーションを円滑に回しています。

恋愛が苦手だった、婚活に苦労していたのは過去の話。結果として、いったい何人がプロポーズされてるの?と思って統計をとったら、3人に1人が、2週間で夢の理想メンズからプロポーズされていました。

今までお付き合い経験がない女性も、何年も結婚相談所に入っていたけれど進展しなかった女性も、驚くような美しき変貌を遂げ、次々と自分の夢を叶えて結婚しています。

しかも、ただ結婚をするのではなく、自分のステージを上げて、夢を次々に叶えているのです。

ここで、塾生の声を少しご紹介しますね!

・結婚相談所に10年いても成果が出なかった私が、愛され成功マインドと確かな行動の結果、生まれて初めて好きになった方から人生初プロポーズされました！

・長い間彼なしだった私に最愛の彼ができ、ついに入籍しました！　そのうえ豪華な新築戸建てを購入してくれました。

・自分の外見、内面ともに自信がなかったアラフォーの私が、まさか、理想の彼を引き寄せ、スピード婚をしたなんて！　本当に夢の世界ってあるんですね♥

・加奈さんには、婚活を超え、最高の人生を送る術を教えていただきました。学んだことは、我が子にも伝えたい！

・スピリチュアルと潜在意識、そして超実践的で戦略的な婚活のおかげで、生まれて初めて理想の彼にプロポーズされました！　今年、結婚します！

・婚活に限らず、人生において大切なことを学んでいたら、仕事も過去最高の売上を達成！あり得ない昇進をいただきました！

・雲の上と思っていた理想の男性しか周りにいなくなり、こんなにも愛される日常があることを心底実感して、感謝で涙が溢れます。

どこにでもいる普通の女性たちが、自分と向き合い、自分を知り、磨き、楽しく結果が出る婚活をすることで、年収1000万円以上（中には億超えの方も）のお金持ちの理想の男性と出逢い、求愛され、幸せに結婚されています。

自分には関係のない話だと思いましたか？いいえ、そんなことは、ありません！

知っておいてほしいのは、今、願っていることは、叶える力があるから願うことができるってこと。つまりは、あなたは願った時点で、その願いを「叶える力」があるってこと。

現にこの本を今、手に取っているってことは、そういうことなのです。

これから、本書を通じて、男性を気絶させてしまうほどのあなたの魅力を大いに解き放つ具体的な方法や、思いのままに男性を操り、恋愛を自由自在に動かす手法、夢を現実にするためのエネルギー理論まで、お話しさせていただきます。

幼い頃に見たシンデレラストーリーを現実に呼び起こす時がやってきました。

さぁ、心の準備はよろしいですか？これから知り合う人や、味わう感情や出来事に変化が起きても、びっくりしないでくださいね。

それでは、知られざる究極のマリッジハンティングの世界へ、ようこそ！

もくじ

Chapter 1
DECIDE

ほしいものをすべて手中におさめる♡と決める

Chapter 2
MIND

婚活最強マインドの極意

Chapter 3
PREPARATION
メンズを陥落させる勝利の秘訣

Chapter 4
ACTION

マリッジハンティング術

Chapter 5
KNOW

年収1000万以上の男性を知る

Chapter 6
BE QUEEN

天使、時々小悪魔な崇拝される女になる

Chapter

01

DECIDE

ほしいものを
すべて手中におさめる♡
と決める

Decide to get all your wants

自分の望みを知り、ゴール設定をロックオンする

あなたの周りにも、チャンスを引き寄せ、夢を簡単に叶えていく方がいませんか？

そういう方を見ると、いいなぁと思いませんか？

大丈夫！ あなたもなれます。こういった強運体質は、生まれつきではなく、後天的に身につけることができるからです。

彼らがなぜ強運体質なのか、それは、自分の望みをちゃんとわかっているからです。


望みがクリアになっているからこそ、いざチャンスがやってきたとき、瞬時にそれがチャンスだと気づいて、活かすことができるのです。


それをわかっていないと、チャンスをみすみす見逃すという残念なことに。

そして、「いい人が周りにいない」「退屈な毎日」だと言うのです。

アンテナを３６０度、全包囲に張るためには、自分が何者でどんな価値観を持ち、どん

な人や現象を引き寄せたいかを知っておく必要があるのです。そして、ぜひ、それを周りに伝えてみましょう。もっと強力な宇宙の力が働きますから。

本書では、宇宙の力とは人間の力を超えた、目に見えない偉大な世界のことを指します。そしてそれは、あなたの夢を叶えるために最適なタイミングで最高の贈り物をプレゼントしてくれるミラクルや幸運につながるものです。

では、早速、あなたの理想の男性像を書き出してみましょう。

ここでの約束事は、親の期待や友人に対する見栄など、世間や外野の声を一切入れないこと。

普段から、「他人からどう思われるか」を気にして行動していると、自分の望みが何なのかがわからず、自分の本音よりもいい子ちゃんでいることを優先するようになります。また、「周りをあっと言わせたい」「あの子より幸せになりたい」という思いで理想のパートナーを選ぶ人は、結婚してからも勝ち負けの世界でマウントを取り合い、その劣等感は結婚しても消えることはないでしょう。

それは虚像の幸せで、心は満たされないもの。

パートナーをアクセサリーのように思うのではなく、一緒にいて嬉しい！　楽しい！　彼と一緒にいる自分が大好き！　そんなふうに思える相手はどんな人なのかが大切なのです。

無敵の婚活女の掟 1

さぁ、早速オーダーするわよ！
あなたが、将来をともにしたいと願うパートナーを大胆に書き出してみて！
ウォーミングアップだからね！

あなたの理想のパートナーは？

1 外見（身長、体型、顔、髪型、ファッションテイスト、見た目年齢など）

2 性格（情熱的、クール、知的、面白い、穏やか、繊細、家庭的、自信家など）

3 趣味（インドア・アウトドア好き、好きなスポーツや本、食べ物、旅行など）

4 職業（経営者、投資家、官僚、医師、先生、その他専門職など）

5 経済力（年収、カレの仕事への熱中度合いやライフスタイルなど）

6 家族構成（家族間のコミュニケーションの距離、マザコンをどこまで許せるかまで）

7 恋愛結婚価値観（彼女いない歴、既婚歴あり・なし、結婚への真剣さ、付き合うとどんな恋愛をするか、家庭に入ったらどんな旦那様になるかなど）

理想の私を諦めない女神になる

何かを成し遂げる人や、夢を叶えていく人は、思う力が強い人。オリンピックで0・001秒を争い、金メダルをとっている選手は、思いの強さが人とは違うと思うのです。思いの強さは、現実を動かす情熱のガソリンです。

過去や現実は関係ありません。

たくさん失敗をしたからといって、また同じことが起きるとは限らないし、第三者があなたの夢を笑ってバカにしたり、否定をしても、それに屈する必要はありません。

自分にできると思えないときは、「できるかもしれない♡」と思ってみて！

まずは、願うことがすべての始まりで、その思考が現実世界を創造します。

頭の中に理想が思い浮かんだのなら、それは叶える力があるから、浮かんだのです。

では、今ここで、自分のゴール設定と婚活の宣誓を紙に書いてみましょう。

〈例〉

私は、愛するパートナーと幸せな結婚をします。

今年は婚活を最優先に、夢を叶えるために
楽しみながら努力して、
絶対に叶えることを誓います！！

20○○年△月□日

杉口 加奈

書いた宣言を声に出して読んでみましょう。ちょっと恥ずかしいですか？　言いたくないですか？　でも、一度、恥ずかしさを乗り越えて、やってみる♡

理想の自分になるために行動するのは、一生とけることのない魔法を手にしていることと同じことなのです。今まで、婚活を長くしていても、それはすべて成功のために通らなければならない道を歩んできただけのこと。

言葉にすることで、言霊が宿り、脳はそれを重要なことだと受け止め、これから目にするもの、聞くものが顕在化し、行動の一つひとつが夢を叶える方向に向かっていきます。

嘘みたいだけど、本当のハナシなのです。

無敵の婚活女の掟 2

婚活における、ゴール設定と宣誓を声に出して、自分にインストールすべし！
テレビ中継されて全国民が注目する選手宣誓みたいに堂々とね！

制限と天井はもはや存在しない

例えば、あなたが「ハワイに行きたい」と思ったとしたら？

街を歩いていても、目につくのは、ハワイに関連するお店（パンケーキやアサイーやココナコーヒーやプルメリアや海）だったり、旅行会社のお店の前に数多くのパンフレットが並んでいても、サッと「ハワイ」の文字があなたの目に飛び込んでくるし、電車で隣の女子高生が話していた会話を聞いていなかったのに、耳に入るのは「ハワイ」、またはそれに関するワードだったりするでしょう？

普段は目に入らない、聞こえないことでも入ってきたりするのです。

意図すれば、それらを現実世界で引き寄せることができるなんて、なんて簡単ですごいこと！

これらの願いを口に出していたり、人に伝えていると、見えない力が働き、人を紹介してくれたり、チャンスに恵まれる奇跡が普通に起こります。

私たちは、夢を叶える魔法を持っています。私はこれを宇宙の力と呼んでいるのですが、自分の力を信じていない人は、宇宙の力を使えないのです。

思いを口にする人には、周りの方の応援もあり、次々とチャンスが訪れるし、次々と夢を叶えていくことができます。

情熱や夢を心の中で閉じ込めておくなんて、もったいない！

ヴィーナス婚活塾の名前である「ヴィーナス」とは愛と美の女神を指しますが、世界を創造できる女性の神様でもあります。

固定概念や制限があると魔法使いにはなれません。

制限や枠は、本当は存在しない。

あるとしたら、あなたが作っているのです。

スーパーウルトラ賢くて、何でも叶える叡智な脳をこのまま眠らせずに活用しなくっちゃね！

いかなるときも、自分は魔法使いだってことを忘れないでください。

サンタクロースを信じていた無邪気な子どもに戻って、純粋な思いをなかったことにせず、あの頃のように夢を描きましょう。

まずは、「幸せな結婚をする」という決断が先。恐れと決断は表裏一体です。怖さを感じているなら、それは幸せな未来の幕開け。おめでとう！

さぁ、最初の一歩を踏み出すのです！

無敵の婚活女の掟 3

私たちは、愛と美しさをもって現実世界を創造できるヴィーナス。
意識が変わらないと現実は何も変わらないわよ!!

8 逆算思考であれ

人生の地図を、大まかでもいいので決めることって、思っている以上に重要。

例えば、初めての海外旅行を予定した場合、それまでに準備をしているはず。いつまでにパスポートを取得する、いつまでに会社に有給休暇の申請を出す、いつまでに旅行会社に申し込みに行くなど。

また、友人と遊びに出かけるときにも、待ち合わせの時間から逆算をして、家を出る時間を決め、それまでに準備をしているでしょう。

最終目的のために必ず逆算をして、それぞれの期日を決め、動いているものです。

ダイエットは、未来に絶対痩せないといけない予定があれば、成功するパーセンテージがアップするとのデータがあります。

結婚式でウェディングドレスを着る、海外で水着を着る予定があるなど、絶対にやってくる未来がわかっているから、ダイエットに本気になり、そのための準備ができるのです。このまま、何もしないでその日を迎えればどうなるかを予測でき、**これをしないとまずい！という強烈な動機付けがあると、その願いは叶いやすくなるのです。**

婚活においても、人生プランを考えて確実に結果の出る行動をすることが賢い戦略になります。

手帳に予定を書き込んだら、そのために着実な行動のスタートをきりましょう。

いいですか？どうしようと悩む時間はありませんよ！

タイムイズマネーといいますが、時間はお金だけではなく、人生であり、命です。

変わりたいと言いながら、何も踏み出さないで悶々と悩み続けることは、命の無駄づかいと同じことなのです。

無敵の婚活女の掟 4

成功のためには、期日とやる理由を明確にして強烈なモチベーションをキープし続けること！

プランニングなくして、成功なし

何かを成し遂げるためには、プランニングすること。

プランニングとは、ゴールに行くためのto doを明確にして、しっかりと把握し、確実に遂行することです。婚活をするうえではとても大事なことです。

行き当たりバッタリに男性と出会い、決まりきった面談のようなお見合いデートを繰り返すのではなく、自分が叶えたい望みのために、どんな行動をとるかを事前に明確にしておきましょう。

今、変わる選択をするもしないも、あなた次第。

年内に愛する人と出会い、結婚をしたいと願っているのなら、出会う時期、互いを知る時期、関係を育む時期を考慮したスケジュールを立てる必要があります。

芸能人のような交際ゼロ日婚は、現実にはそうそうありません。

婚活必勝の年間スケジュール

1月 2月 3月	①出会い、種まき	※出会いは②の時期でも、必要があれば積極的に！ ※①の時期は集中して、ハンティングへ!!
4月 5月 6月 7月 8月 9月	②関係構築、見極めなど結婚観の共有	
10月 11月 12月	③入籍準備他、仕事関係の調整、引っ越し、親へのあいさつ	

○○歳で出産する
○○歳で結婚する
そのために いつ までに彼氏を作る！

(例：出会い) を強化するために、取り入れることは？

(例) 外見 → やせたい → いつまでに kgやせる → お菓子を食べるのをやめる、ジムに行く

(例:外国人のカレと結婚したい) を強化するために、取り入れることは？

外国人が集まりそうなバーや飲食店に行こう！カンタンな英会話を毎日覚えよう。外人受けするヘアメイク、ファッションをしてみよう！

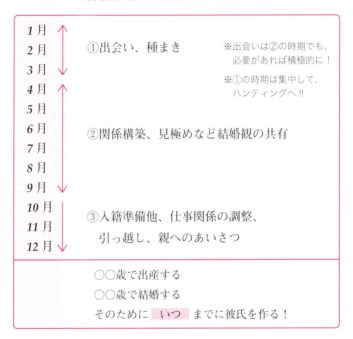

時間を有意義かつ効率的に使うことは、婚活戦線を勝ち抜くうえでの必須事項です。
自分がいい気持ちで満たされていれば、すべてうまくいくというわけではありません。
それは、楽観的ではなく、単なる能天気。
さぁ、あなたの婚活プランは、いかがですか？
過去の失敗経験や年齢も環境も一切関係ありませんよ。

無敵の婚活女の掟 5

長期目標から細分化した目標を立て、行動し、毎日を充実させること。
ただし、びっしり予定を書き込んだだけで、やった気にならないでね！
書くことはあくまで手段ですからね♡

お金持ちの男性を求めるのは、女の本能

あなたも、「お金持ちの男性と結婚をしたいなぁ」と思ったことがあるでしょう？

理想の男性像を書き出したときに、経済力をあげられた方は多いのではないでしょうか。

女性がお金持ちの男性と結婚したいと思うのは、高望みでしょうか？

いいえ！ そんなことは、ありません。


太古の昔から、生活力がある、甲斐性がある男性がモテてしまうことは、紛れもない事実なのです。だから、この婚活戦国時代において、必然と競争率が高くなるのですが、だからといって、「私には無理」と諦めるのは、まだ早いですね。


そこで大事になってくるのが、「なぜそう思うのか？」と自分に問いかけることです。

「なぜ私はお金持ちの男性と結婚をしたいのか？」と。

なぜそれが大事なのか、その理由をお話ししますね。

頭で考えるだけでなく、自分はこんなふうに思っていたんだなぁと自分の気持ちや考えを整理して可視化する。その思考を外の世界に出してあげる。それによって、言葉に魂やパワーが宿るのです。

それに基づいてアクションを起こすことで、夢の実現が早くなり、あなたの幸せが増幅されてくるのです。面倒だと思っても、ぜひやってみてくださいね♡

はい、ではいいですか？　早速ですが、このページに書いてみてください。

書いた方から、この先を読み進んでくださいね。

無敵の婚活女の掟 6

あなたがお金持ちの男性や稼ぐ経済力が高い男性と結婚したい理由はなんですか？　いい格好をして正解を探さないで、自分の本音を書いてね！

なぜ私はお金持ちの男性と結婚したいのか？

-
-
-
-
-
-
-
-
-
-

セレブ妻になりたい！ 玉の輿にのりたい！

「贅沢な暮らしができそうだから」
「親を安心させることができ、友人や周りに自慢できるから」
「今のつまらない現状、環境から抜け出せることができるから」

どうでしょう？ こんな回答が出てきていませんか？

彼のお金や経済力をアテにすること、第三者から見た幸せを重視すること、結婚を今の自分の逃げの道具に使うことが目的だとしたら、結婚できたとしても、いずれ破局を迎えることになるでしょう。

人の目ばかりを気にしていては、いつまで経っても心が満たされることはありません。結婚さえすれば、今のつまらない仕事や生活から逃れられるという考えは、自分の人生に責任をもたず、他者に依存して生きる人生を選択しているのと同じです。なので、これらの回答であった場合、まず自分自身を見つめ直すことが先決になってきます。

お金持ちの男性と結婚をしたからと言って、必ずしも幸せになれるとは限りません。結婚はゴールではなく、あくまで人生の通過点です。

結婚をすることが目的ではなく、幸せになることが目的なのです。

それよりも大事なのは、**自分がどんなことに幸せを感じるのかを知ることですね！**

それらが、あなたの満たされるポイントなので、婚活をするうえで、男性を見る視点や自分の価値観を把握しておきましょう。

無敵の婚活女の掟 7

見栄をベースに男性を選んでも、そこに本当の幸せはない！
今まで、心から笑ったり、幸せだったことをできるだけ多く集めてみること。
そこがあなたの満たされポイントです！

エネルギーを味方につける方法

「この世は、すべてエネルギー」

という言葉を聞いたことはありませんか？

私たち人間や、今あなたが読んでくれているこの本も、スマホも電車も、存在する目に見えるもののこれ以上分割できない最小単位は素粒子と呼ばれています。

その素粒子が波を打っている状態を波動といいます。この世界はすべてのものが振動し、変化しているのです。

「あの人はオーラがある」といわれる方は、簡単にいえば、波動が高くエネルギーが強い状態のこと。オーラは目には見えないですが、確実に存在します。現に紫外線や赤外線も目には見えないですが、存在していますよね。それと同じことなのです。

エネルギーの法則をここでお伝えしましょう。とてもシンプルです。

周波数は同じか、または似たような波動同士が釣り合います。

そして、低いまたは弱いものは、高いまたは強いものに引かれます。一緒にいると波動が共鳴し合い、低いエネルギーのものは高いエネルギーに引かれ、高くなります。元気がないときや弱っているときに話をすると、その人のエネルギーをもらって、思考も体もポジティブになる、そういう方っていますよね。

類友や似たもの夫婦などというように、ずっと一緒にいると周波数が共鳴して似てきますし、ポジティブな人の中にいれば自ずと考えも前向きになり、自分も引き上げられます。

人でも環境でも、最初は緊張して、居心地が悪いというのは、波動が合っていないからです。でも、ずっと一緒にいれば、慣れてきますし、似てくるのです。

また、電化製品が壊れたりするのは、次元上昇が起き、ステージが変わって持ち主とその物のエネルギーが合わなくなり、一緒にいることができなくなって、物が自ら壊れるという説もあります。これも、エネルギーレベルで釣り合いが取ることができなくなるために起きることなのです。

これは、人間関係においても、同じことが言えるのです！

現実を変えていくには、まずはエネルギーを変えることが先。

エネルギーが現実世界に影響を与え、物質に変化を起こさせることは、量子力学でもすでに証明されていることなのです。

簡潔に言うと、自分のエネルギーが現実を創るということ。エネルギーを変えるには、現在思考ではなく、未来思考に変えること。思考もエネルギーなのですね。

まずは、自分の感じる幸せを見て、願いを放ち、「そこに行く」と意図すること！

現実はただ事実として把握して、常に未来思考であれば、タイムラグはあっても、必ず機はベストなタイミングで熟すから、安心して大丈夫！

無敵の婚活女の掟 8

幸せで顔がにやけるくらいに自分がほしい未来像をありありと思い描いていないと、なかなか叶わないわ。

想像し、意図し、感情に浸る。この3つのステップを満喫せよ♡

追いかける恋はこれにて終了！

好きな人を追いかけるということは、エネルギーレベルでは、エネルギーが低い人が高い人に惹かれるということになります。

追いかけるということは、その対象者の自分にはないものに惹かれていたり、尊敬や好意を感じていたり、一緒にいて楽しい、嬉しいといった感情を味わっていることです。

彼を落としたい、追いかけさせたいのならば、女磨きも大切ですが、自分の波動を上げることがもっと大事だということがわかっていただけるはず。

もう一度言いますよ。

エネルギーの法則では、

低いものが高いものにつられ、同等のものがつり合うのです。

ですから、彼に自分を好きになってもらうには、エネルギーレベルで考えた場合、彼と同じか、または彼より高い状態にいなければなりません。

では、波動を高くするために、どうすればいいでしょうか。こちらも答えはシンプルです。

自分の感情が喜んでいたり、楽しんでいることが大事。

例えば、好きな歌手のライブに行っているときは、そのときの波動はかなり高い状態です。その場全体のエネルギーが喜び、楽しみ、感動で埋め尽くされていて、会場全体が一体化し、エネルギーが共鳴していますよね。

彼を私に惚れさせる、追いかけさせる、プロポーズさせるには、一にも二にも三にも、自分が常日頃から楽しい状態でいること。

ね？とっても簡単でしょ？

必死という文字は必ず死ぬと書きます。必死になって、死に物狂いで婚活をするのではなく、楽しみながら、婚活を進めていきましょう。

無理なダイエットをして、リバウンドをしたような婚活は、幸せな状態ではありませんからね。

楽しむこと。それが、幸せな結婚への基盤となり、ゴールも早くなってくるのです！

無敵の婚活女の掟 9

彼を追いかけさせたいのならば、自分のエネルギーアップはマストね！
自分軸で人生を楽しんでいると波動も軽やか。
その軽やかさに男性は惹きつけられるの！

愛のエネルギーを出し惜しみしない

愛のエネルギーを宇宙に貯金していきましょう。

これから、チャンスも人脈も男性もお金も、自分のほしいものをすべて自分の世界に入れるためには、そのスペース、器がないとそれらが入ってくることはできません。

では、そのスペースを作るために、今すぐ簡単にできることをお話ししますね。

1 断捨離をする

使わないものは、潔く捨てましょう！　捨てることができない、もったいない精神は貧乏マインド。

本当にそれがお気に入りならいいのですが、なくなると不安だという方は、それは幻想です。なくなっても案外なんとかなってしまうもの、大丈夫なものです。それで、死ぬことはありません。

将来の不安から両手いっぱいにガラクタを抱えて、そのせいでチャンスや素敵な男性を受け取ることができないなんて、悲しすぎませんか？

取りかかるべき場所は、普段目に見えないところ。クローゼットやキッチンの下は潜在意識とつながっているといわれていますが、どちらも普段外から見えない場所です。

見えないもののほうが大事だといわれる理由は、それが全体の大部分を占めているから。

使っていないものは、いつかのときのために取っておくより、今、現実を動かすために、サクサク捨てましょう。

そして、家を綺麗にしておくことは、断捨離以前の問題です。家にゴミがない状態をキープすること。掃除は、毎日歯磨きをすることと同じですね！

2 浄化する

家の空気もお掃除しましょう。窓を開けただけでは、空気の入れ替えであり、空気の掃除にはなっていません。空気の入れ替えを毎日していても、家の住人がどれだけポジティブであっても埃が出るように、空気も汚れてしまうもの。

空気のお掃除とは、お香を焚く、または盛り塩をすること。

神社やお寺でお香を焚くこと、お線香をあげることは、空気を常に綺麗に回しているのです。

3 体を動かす

運を動かすと書いて、運動といいます。

リンパを流す、ストレッチをする、そんな小さなことでもいいのです。運が上がり、美容と健康にもいい影響が出るのですから、やらない手はありません。

普段、体を動かす習慣がある方は、運動しているときに「ますます運が上がっている」と思ってくださいね。

また、何かで行きづまっているときや、アイデアがほしいときは、散歩を20分以上することで、嬉しい閃きが起きることが私にはよくあります。これもエネルギーを出したスペースに新しいもの（アイデア）が入ってきたのでしょう。

普段の通勤時に最寄り駅の1つ前で降りて歩くことで、いつもと違う日常を楽しむこともできます。

運動をした後に「やらないほうがよかった」と後悔する人はいません。適度な運動は、爽快感や充足感など、体だけでなく精神的な満足も得ることができるからです。

4 心を動かす

心を動かすこと、つまり、それは「感動」すること。

あなたは最近、何かに感動しましたか？

映画鑑賞、芸術鑑賞、読書をする、旅行に行く、笑いまくること、自然やペットに触れる、あなたが感動するものであれば、なんでも。

感動することで、波動が一気に上がります。

5 先に自ら出す

日常のコミュニケーションの中で、挨拶をする、相手の素敵なところを伝える（褒める）、感謝を伝えるなどの行動を率先して行いましょう。また、お金を投資することもエネルギーを回していることになります。小さなことでいえば、コンビニのレジ前にある募金箱に募金することも愛のエネルギーの循環ですね。

自分が先に差し出したのだから、対価交換で、してもらって当然だという考えは傲慢なクレクレ星人の典型。損得を考えて動くのは、濁りがある愛。たとえ、感謝されなくても、返事がなくても、思いを外の世界に出すことが、純度が高い愛のエネルギーです。

挨拶も、相手からの言葉を待つのではなく、先に自分から笑顔で行うのです。

人の素敵なところを発見したら、それを伝えることや、学びを得るための先行投資もしましょう。

自分から率先して愛のエネルギーを出す人は、徳を積んだ人間力がある人。惜しみない愛がある人は、人からだけでなく神様や宇宙からもどうしたって好かれます。

今、あなたの目の前に望んでいる結果が起きていなくても、焦る必要はありません。愛や信頼、人の笑顔や感謝が宇宙に貯金されているからです。

婚活を通してあなたの愛が宇宙に貯金されていれば、運命の女神は必ず微笑みます。

また、**あなたからエネルギーを奪うものも捨て去りましょう。**

会ってあなたの心を傷つけたり、なんだか合わないと感じている人だとしたら、その人とは距離をとってください。あなたの生きる目的の基盤は、自分を幸せにすることです。

あなたは幸せになるためにこの世に生まれてきたのです。

誰かに嫌われても、自分の感情と未来を考えて選択や行動をしていく。

人間関係の転機は、次元上昇するときに起きるもの。人生の転換期には、人でも物でも古いエネルギーが一掃されることがよくあります。

何も怖がる必要はありません。


あなたの喜びは地球の喜びになるということを忘れないで。

無敵の婚活女の掟10

自分の世界の中にスペースがないなんて、余裕がないおブス女よ。

余裕・余白を作るために、先に自ら出すこと!!

スペースがないと、チャンスは入ってはこないからね!

願いが叶う流れを宇宙に予約する

これからは、あなたの世界のすべてを自分の望みを叶えるための応援団にしましょう。
すべてとは、人も物も、目に見えるものも見えないものも含め、すべてです。

先ほどお話ししましたように、この世はすべて素粒子であり、エネルギーの法則で言えば、波動が高いものにつられるので、身の周りに自分の心が喜ぶものを置いておくことは、自分の波動が高くなることにつながるのです。

一見、婚活とは関係ないと思われますが、日常をお気に入りで埋め尽くすことは、自分を幸せにすること。関係大ありなのです。

人も物も、あなたの婚活を勝利に導く応援団と聞くと、なんだか心強くないですか?
この章では、婚活必勝アイテムであるノートとペンに限ってお話ししますね。

使用するアイテムのポイントは、目に入るだけで、心が喜ぶものと決めてください。手で触れるとキュンとくるもの。ノートを開くたび、ペンを持つたび、あなたを喜ばせてくれるものです。

そして、消えるボールペンやシャープペンシルではなく、ボールペンや万年筆など、簡単には消えない筆記用具を使います。

シャープペンシルなどはいつでも消すことができるので、願いを叶えるために使用するのには適しません。消す前提で使用することがよくないのです。

予定変更が生じたら、二重線で消して、また書けばいいのです。「あのときは、こういうことを思っていたんだなぁ」と自分を振り返ることもできます。

ノートが汚くなることが嫌だなぁという方もいますが、ノートを綺麗に書くことが目的でなく、願いを叶えるために書くノートですので、目的に立ち返ってみてください。

叶わなかったら傷つくからと、わざと低い設定にする方や、チャレンジすらもしない方もいます。厳しいかもしれませんが、それは自己防衛で逃げになっています。

大丈夫！　まずは、自分を信じてあげましょう。

私がよくヴィーナス（講座生）に話していることを、ここでご紹介しましょう。

「その手帳やノートに神様が何でも叶えてくれる魔法をかけてくれました。だとしたら、あなたは、どんなことを書きますか？」

すると、それまでは自分の望みに遠慮がちだった方も、神様がここに書いたことを叶えてくれる魔法をかけているのなら…と、枠を外し、ワクワクした気持ちで、大胆な夢を手帳やノートに書けるようになるのです。

私たちは、女神であり、創造主です。自分が見たい世界を見て、創っているので、まずは、**自分は神様だと自覚してみること。**自覚できなくても「そういうものなんだ」と思ってみるだけでも効果があります。まずは信じることから始めましょう！

無敵の婚活女の掟11

ノートとペンもあなたの婚活の応援団♥
今すぐ、心ときめくお気に入りを用意しよう！
ダサい古びたときめかないノートに夢を載せるのは、禁止！

一度でも就職できたら、婚活は余裕

あなたは、就職活動をされたことがありますか？ 卒業までに内定をもらうために、会社説明会に参加したり、最新情報を交換したり、自己分析や企業分析をされたのではないでしょうか。内定を手に入れるために、入念に準備をして行動していましたよね？ ぼーっとしていて受かったって話は、まず聞いたことがありません。

就活は計画的に着実に動いていたにも関わらず、婚活となると、「ありのままでいい」風潮と「なんとかなるさ」というお気楽さに流されて、本当にそのまんま（！）婚活をされている方が多いのが実態です。

また、就職活動時はその企業の特色に合わせたスーツで面接に行ったはずなのに、婚活となると、自分の好きを貫いたトンチンカンな格好やヘアメイクをされる方もやはり多いのが現状。この辺りのことは、第２章でお話しさせていただきます。

さて、学校では、男性心理や婚活のことを教えてくれないので仕方ありませんが、確実に男性を射止め、夢を現実にするための分かれ道は、やはりうまくいっている人に習ったり、意識が高い仲間がいる環境に入ることです。

自己流は、事故を引き起こしますし、結果があれば、必ずそこには共通する理由があります。就活も婚活も勝利の秘訣は同じです。

婚活をするうえでの要は、

①お相手の分析をしていること。

②自己分析がしっかりできていて、それを相手に伝えることができていること。

つまり、自分と相手をしっかり分析したうえで、セルフブランディングを行い、戦略的に賢く動くこと。これに尽きます。そして、何回断られても折れないメンタルと余裕と自信をもつことも、最高のゴールをきるためには必須ですね！

無敵の婚活女の掟12

婚活は、就活と同じ要領で！ 自分の長所を沢山書き出し、相手にわかるように伝えていく。伝えられないのは論外！ 伝えられるまでになる♡

あなたは、自分のことを「大好き」と胸を張って言えるかしら？

Chapter 02 MIND

婚活最強マインドの極意

Secret of the most powerful "KONKATSU" mind

婚活を制する女は自信家で自分好き！

あなたは、自分のことを「大好き」と胸を張って言えるかしら？

好きなんて、とんでもない。むしろ、欠点ばかりが目についてしまい、他人と比較して、あれがない、これも足りないと思って、恋愛のチャンスも逃していませんか。

自信がないから恋愛に奥手になり、素敵なチャンスが訪れても、相手を疑ってしまい、事実を歪めて受け入れることができなくなる。これほどもったいないことはありません。

はっきりと断言しましょう！

100パーセント完璧な人なんて、この世に存在しません。

不完全だから、経験を通して魂を磨くためにこの世に生まれてきたわけで、できないことや、**どうしようもない欠点は誰しも持っているもの。**

きっとそれらは憧れの女優やモデルにもあって、それをプラスに変える努力をしたり、またはこれが私だと受け入れているからこそ、光り輝くのです。
開きなおっていいのです。あなたは何も悪くありません。

あなたが思う欠点こそが、愛される可愛い長所になるのです。

これが、私なの。リアルな私こそが、愛される。
自分のことを受け入れ、認め、愛することで、外側の現実世界にも反映される。
自己否定の気持ちを持ち続けていては、相手から否定されるような扱いを受けたり、不遇な出来事に遭遇しかねない。
例えば、恋愛初期においては、外見がモノを言うので、自分の魅力が足りないと思うのなら、磨く努力をすることも忘れてはいけない。

自分が嫌い、イヤだイヤだと言っていても現実は何も変わらないのです。何事もフォーカスしたところが増長されるので、目を向けるべきは自分の愛すべきところ。

あなたが、最愛の彼に愛してほしいと願うなら、まずは自分を愛することです。

自分のことをなかなか認められない人は、自分にも他人にも厳しい傾向があるのですが、もっと自分に甘くなっていいのです。

小さな些細なことでも、「私ってすごい」ということを自分に言ってあげて。

私が思う自信家とは、威張る人でも、偉そうにする人でもない。自分を認めて愛し、ふわふわの綿菓子のように甘くてほっと優しい。甘い女だから、相手の目には美味しく映る。

「そんなことで自分を褒めるの？」ってことでも、褒めていいのです。

世界でたった一人、唯一無二の自分は、存在しているだけですでに完璧だから。

欠点は最大の長所であり、武器になる♡

無敵の婚活女の掟13

自分の嫌いなところをピックアップ♡
それができなくても、「私って完璧〜♡」って言ってみる！
大丈夫。その短所はあなたの個性の一つよ！

自分株式会社のCEO

実際、あなたが従業員でもフリーターでもなんだっていい。雇われる身であっても、自分の人生の最高経営責任者だと自覚することは、最高に幸せな人生（結婚）を送るうえではマスト！

相手が何とかしてくれるっていう他力本願な考えでは、人生の舵を相手任せにしているのと同じこと。

今の時代、輝く女性は、自ら、舵を漕ぐの。受け身で白馬を待つのではなく、自ら白馬に乗り、ほしいものをつかみにいく大胆さや行動力が要求されるのです。

婚活においては、ビジネスでいうところの商品が自分自身です。

トップ営業マンは、間違いなく自分の会社の商品を愛しているし、その商品の魅力を知っているからこそ、相手に「こんなに素敵ですよ〜」って言えるのです。

婚活では、あなたが商品ですが、親も友人も同僚も知人も、誰もあなたを「こんなにも素敵なんですよー」と言ってはくれません。

なぜなら、デートは二人でするもので、あなたが自分自身で感情や価値観を表現したり、行動するからです。

自分株式会社の最高経営責任者であるあなた自身が、商品であると同時に、広報、営業、販売、契約、アフターフォローとすべてを行い、すべての責任を持つのです。

その覚悟は、幸せな結婚の土台にもなるのです。

これなしでは、自分軸で歩む婚活はできません！

無敵の婚活女の掟14

〝自分株式会社〟のトップは、いかなるときも私である。すべての責任を自分でとる覚悟で道を切り開くと決めること！

婚活を楽しむってこういうこと！

うまくいかない現象が起こったときこそ、それをどう受け止めるかで現実に変化を起こせるのです。

彼から連絡が来ない。誰からも選ばれない。追いかけてしまう。

予測不能なことや思い通りにいかないときなんて、ザラにあるでしょう。

恋愛に対して、高いハードルを設定するのではなく、近所にお茶をしにいくように、趣味のように、もっと気軽に捉えてみて！

最初から完璧を目指す必要はないの。できるところは積極的に取り入れ、できないこと、やったことがないことは、チャレンジしてみる勇気を持つこと。

いちいち落ち込んでいては、精神衛生上良くありません。ダメならダメで、開き直るのではなく、視野を広げること。

赤ちゃんだって、最初は立てないし、歩けない。何回も転んで尻もちをついても、立つことや歩くことを諦めたりしないし、それで落ち込んだりしないでしょ？　失敗しながら、笑ってチャレンジを楽しんでいる。

あなたも赤ちゃんのときはたくさん転んだけれど、本能で立つことを諦めなかったはず。

そもそも、成功＝良、失敗＝悪だという世の風潮がありますが、成功も失敗も一つの経験に過ぎません。むしろ私は、どんどん失敗をすればいいとすら思っています。

失敗をおそれず勇気をもって挑戦して！　勇気がある人は、自分の可能性を感じることができます。うまくいかなかったことで知る感情や見えてくる世界もあります。失敗をしたからこそ手にすることができる誰にも奪うことができない財産があるのです。

「無駄なことはしたくない」「うまくいく方法だけを知りたい」そうやって、成功と失敗を分けているから、そのジャッジメントを自分に当てはめて、苦しい生き方をすることになるのです。

失敗を黒歴史ではなく、絶好のネタ歴史にするのですよ！

なかったことにすることは、自分を存在しなかったことにしていることと同じです。

すべての経験は、そのときのベスト！

将来、振り返ったとき、あのときの失敗が成功の種や肥料になっていたことに気づくはずです。

ならばいっそ、すべての出来事を楽しむと決めて行動すれば、感情も気づきも何一つ取りこぼすことなく、自分に吸収できると思いませんか？

ピンチこそ、次への飛躍になる輝き。

婚活女性たちよ、肝に銘じるの！

「ピンチはいつだって、最高のチャンス」ってことを‼

無敵の婚活女の掟15

失敗してへこむのではなく、いつか笑ってネタになると楽観的に捉える！気持ちと思考を暗く停滞させず、次のパターンを試せばいいのよ！

恋愛セルフイメージを自由自在に操る

運命は、他人が作るのではなく、自分で作っていくもの。

恋愛が苦手、縁が薄いと思っている人は、過去に捉われているのです。過去は過去でしかないのに…。

もうその場所から抜け出すことを考えましょう。

セルフイメージって、相手（他人）の言葉によって作られてきたりする。でもね、そうじゃないんです。

例えば、彼から「大雑把だね」と言われたからといって、必ずしもそれが絶対的ではない。あくまで、その言葉の発信者の主観であって、それを受け入れるか、受け入れないかは自分で決めればいい。

他人に振り回される必要はないんだよね。

誰かがひどい言葉を投げてきたり、「あなたは結婚ができない」とか言ってきたとしても、**勝手に言わせておけばいいのよ。**

自分の人生や未来は他人に決められるものじゃないからね。

他者の言葉で自分を作るのではなく、壮大な勘違いでもいいから、「こうなる」と決めた自分になることなんですよ！

人によっては、現実的じゃないとか、無謀だとか言うかもしれない。でも、採用するかしないかは自分で決めればいいの。他人の発言、過去の自分や一般論でもない。

大切なのは自分がこれからどう生きたいか、どうありたいか。

いつだって、なんだって、決めるのは私なのです！

これができない人たちは、自分の魅力に目を向けることをせず、自分は（人や平均と比べて）こんなにもダメだから、過去こんな扱いを受けたんだ、などと思い込む。そして、欠乏感や劣等感、焦りから、とかく間違った行動に出がちなのです。

恋愛でも、「こんなことを言ったら嫌われるかな？」とか、変に邪推して、結果、本当の自分を我慢したり、尽くしたり、言いなりになったり、自分を下げるような行動に出る。

こんなことをするから、うまくいかないんだよ!!
何より、愛を注ぐ相手は自分でないと!!
自分が満たされているから、相手も自然と満たされるのに。

自分のことを愛して満たされていると、何より人に優しくなれます。

自分がうまくいっていないから、満たされていないから、他人の幸せを喜べない。本当は自分もそこにいけるのに…。

恋愛上手な人は、セルフイメージが高いのです!!
これは、ビジネスも同じ! どっちも座学じゃないのよね。

自分にどんな言葉を投げかけていますか?
他人との会話もめちゃくちゃ大切。でもね、それ以上に、**自分との対話を怠ってはいけ**

ない。

自分の好き嫌いも知らずに漂流し、他人に振り回され、他人の価値観で生きていくなんてイヤでしょう？

自分へ投げかける言葉を意識的に変えた人は人生を変えられるの！

・私は世界一可愛くて色気がある
・私の笑顔はあらゆる男性を虜にしている
・私は私の好きな人からいつも愛されている
・私は経済的に豊かで潤っている
・私の毎日はどんどん輝きを増している

これは、ある講座生が「これから、私はこういう存在で生きていく」と私に送ってくれた言葉です。

後日、「どんな男性との会話も楽しめて、自然と笑顔になっていることに気づきました！」「すべて叶っています!!」と連絡がありました。

人によっては、当たり前のことかもしれない。でもね、彼女は、たったこれだけのことで、人生が美しく輝きだしたのです!!

女は進化しないと、ダメよね。

過去に捉われ、努力をせず、停滞することは、退化そのもの。他人がどう思おうと自分自身でイメージを決めることね。

無敵の婚活女の掟16

他人に言われてショックだった言葉を鵜呑みにする必要はない！
自分で自分はどんな存在でいたいかということを書き出してみて。
そして、その通りに生きていくと決めるだけでいい！

間違った自己投資に逃げない

いい男をゲットするために、お料理を頑張る、お花を習う、ゴルフの腕をあげる、仕事で成果を出すなど、女磨きを頑張ろうとする女性は多いです。

自分を磨いてからじゃないと、自信がなくて出会いの場に行けないし、デートにも行けない。頑張って女子力を向上することで自分の自信にしようとしているんだよね。

いろいろなことを学び習得すること自体は、とても素晴らしいことだけれど、あなたが最愛の男性と結婚したいと願っているならば、向き合うところが間違っていると思うの。

それらを習ったところで、素敵な彼ができるわけではありません。

資格を取れば婚活に有利に活かせるのか、それは正直なところ、とても疑問よね。

お料理ができる女性は愛される。

私は料理ができないからダメなんだ。

じゃあ料理ができるようにすればいいんだ！

こんな思考回路は今すぐ捨てなさい。

わかりやすいように料理という事例をあげただけで、決して否定しているわけではありません。

もちろん、できたほうがいいでしょう。でも、それは後回しでＯＫ！

料理の腕は上がるけれど、そもそもあなたがほしかったのは、そこじゃないはず。

遠く回り道をしているのに、婚活をやっている気になってはいけません。

恋愛・婚活においては、習得すべきことはそれ以外にたくさんあるのに、それをわかっていない人が多いのがもどかしい。たどりつきたい頂があるのに、違う山に登ってどうするのー!!って声を大にして叫びたい。

コミュニケーションが苦手なら、実践を通して学んで、頑張る必要があるわけで！

自分の顔面偏差値に泣いているのなら、スキンケアやメイクレッスンを受けるなど、頑張る必要があるわけで！

スタイルに自信がなく、似合う服もわからず迷走しているのなら、ファッションコンサルを受けたり、ボディメイクやシェイプアップを頑張る必要があるわけで！

彼や周りに振り回されることが多くて、マインドの弱さを実感しているなら、セルフイメージを上げ、自信をつけて輝くオーラを放つよう、頑張る必要があるわけで！

時間は有限なのだから、優先順位をつけて取りかかるべき！

自分磨きと婚活の成果は比例しないことを覚えておいて。

無敵の婚活女の掟17

婚活を人生の最優先事項にすると決断したら、その目的から目を逸らさない。決断とは、決めて断つこと。あなたが今から断つべきものは何ですか？それを明確にして、今この瞬間から断とう！

お悩み別　恋愛に効く処方箋

1　自信がなくなったとき

自信がないときは、自分に逆らっているとき。

つまり、自分の感情を無視しているときなのです。

自分の心を深く直視してとことん叶えていくことが、今あなたがやるべきこと。

周りから、自分らしくいるあなたのことを、ワガママとか勝手とか非常識とか言ってくるかもしれませんが、優しく華麗に徹底的に無視しましょう。

誰かに嫌われても良しとすること。嫌われるのは悪いことではありません。

なぜなら、正解は他人ではなく、紛れもないあなたの感情だけだからです。それ以外にありません。

世間の意見や常識を鵜呑みにする必要もありません。あなたは自分の絶対的な味方でいてください。

人は、何かを持っているとか、周りの人から認められるからという理由で自信を持っているのではありません。外見がどれだけ整っていても、自信がない人なんて山ほどいます。外側だけで自信を作っても、そんなのハリボテ、メッキであり、一時しのぎにすぎません。自信の根拠を外側にもっていくと上限がないからです。

自分より凄い人、可愛い人、成績がいい人が出てきたら、あなたは劣等感を感じ、また自信をなくすでしょう。これは終わりのないラットレースそのものです。

強固な自信とは、内側から溢れるもの。

自分を愛することができない人が、相手から愛されるでしょうか。

自分で自分を幸せにできない人が、相手に幸せを分け与えることができるでしょうか。

自信がなくなっているときは、誰かと比べたり、自己否定をして、自分にないものをたくさん数えてしまうもの。

あなたの頑張りは、今はまだ芽が出ていないけれど、水や栄養を与えてあげて、根気強く待ちましょう。そうしていくうちに、これ！っていうアイデアやインスピレーションが降ってきたりするもの。そのうえで、作戦を練りましょう。

自信がなくても、人生は開ける。
自信がないからこそ、先を見据えて行動する。
壁にぶち当たって、自信が粉々に崩れ落ちても、トカゲの尻尾のように再生するの。

そもそも、最初から自信なんかいらないわ。自信ありげに堂々とふるまうことです。ハッタリでも勘違いでもいいから、気持ちを強く持っていればいいのです。

変なプライドがあると、失敗したことが恥ずかしいという気持ちが先行する。だから常に安全パイを取ろうとするの。

リスクを自ら取りに行くことで成功するのです！

典型的な残念女は、やたらめったら「自分がどう思われているか」を気にしているの！「彼にどう思われるかな？」とか！

「こんなことを言ったら、私を嫌いになるかな？」とか！

なんなの、そのドMっぷり!! まるで、奴隷人生です。

いつまで、他人の言うことを聞いて、悶え苦しみながら、生き辛い道をヨタヨタと歩いていくつもり？

周り（彼）の意見を尊重し、漂流人生を自分で選び、モヤモヤを抱えて生きている。

一刻も早く奴隷解放を宣言しよう！ 自信がある人は、自分に恋してるよ！

無敵の婚活女の掟18

自信はあってもなくてもいい。なくても進んでしまえばいい。失敗をしても、その積み重ねがあなたの自信になると肝に命じよ！

2　人の意見に振り回されてしまったとき

１００人いたら１００通りの意見があるわけで、何が正解かは過ぎてみないとわからない。人の意見をいろんな選択肢と考えることです。

人の意見に振り回されるのは、せっかくアドバイスをくれたから、それを採用しないと相手に悪いと思ってしまうから。

私が主催しているヴィーナス婚活塾でも、私は札を出すけれど、それをする、しないは各自の自由に任せています。世の中には無数の意見があり、私の意見もその一つだから。先生だから、すごい人だから、人気だから、偉い人だから、お世話になっているから、私を知ってくれているから…。

そんな外側の理由を大事にして、自分の感覚をないがしろにしないでください。

自分らしく幸せに生きるには、純粋に自分の感情に従うことが一番なのです。

自分の心を深く内観することで、感じ、見えてくるものがあります。言うなれば、正解は自分の感じるものだけで、それ以外は全部不正解。

人にアドバイスを求めることが悪いと言っているわけではありません。本やネットから情報を得たり、セミナーや講座など、様々な意見に触れる場で、様々な知識を吸収し、刺激に触れ、新しい世界を構築する経験は、自己成長をするうえで欠かせません。

その中で、自分にフィットするものだけを取り入れ、自分だけのオリジナルを作っていくことが大切なのです。

他人と自分の幸せの価値観が同じとは限らない。自分が何者なのか、どんな人間で、何に喜びを感じ、どこに行きたいかは自分で把握する。そのために人を傷つけてしまっても、それで自分が嫌われても、それは自分が幸せになるため。

いつだって、主軸は自分なのです!

無敵の婚活女の掟19

何もわからなくなったら、目を閉じて、自分の心をまっすぐ感じてみよう。
それこそが正解!

3　過去のトラウマから抜け出せないとき

「いつまで悲劇のヒロインでいるの？」

ずっと、悲劇のヒロインでいたいなら、それでいいんじゃないかしら？

これは、私の考えだけれど、過去、みんな何かしら抱えているものってありますよ！

陰湿ないじめ、家庭内トラブル、極貧生活、不平不満などなど。

自分だけは、特別だと思っているから、過去の中で生きることを選んでいるの。

自分だけを特別だと思っていないで、もっと自分の生き方や在り方で唯一無二な自分を自覚すること！

それが、今いるトンネルから抜け出せることができる秘訣なのです。

無敵の婚活女の掟20

いつまでそこ（底）にいるんだよー!!
いつまでも過去に居座ることはしない♡

4　年齢ブロックで恋に積極的になれないとき

ある年齢になると、女性にやってくる見えない敵。「もう○○歳だから…」

昔より、シワが増えた。たるみも増えた。おまけに体重も増えた。

結婚を焦る気持ちは募るのに、それに拍車をかけるように女としての鮮度も失われていき、独り身の寂しさが……。それね、思い込み！

20代だから、若い。30代だから、若くない。40代なんて、もうおばさん。

結婚へ意識を向け、いざ婚活を頑張ろうと思ったときにやって来るのが**「年齢ブロック」**です。


女性としての価値を年齢で測り、過去と比較して、昔のほうが可愛かった！やっぱり男性は若い女性のほうがいいに決まっている！と自分が選ばれない理由を脳内で決めちゃっている人たち、よく聞いてくださいね。

今の40代って、昭和の時代の30代と同じと言っても過言ではない。美魔女という言葉があるように、30代でも40代でも50代でも、実年齢より見た目年齢がモノを言うの。

見た目年齢はその人の健康や美への意識の高さによって作られてくる。

「もう年だし」「昔のほうが可愛かったし」というようなネガティブな気持ちが見た目年齢につながってくるものなのです。その思考で生きていると、心身ともにどんどん老け込んじゃう。

毎日のお手入れや、最先端美容で（がっちり整形とかではなく）20代のときのお肌の張りも復活することもできるし、シミを消すことだってできる。

表面だけを見て、年齢ごときで女性の価値をジャッジするなんて、女性をアクセサリーとしか思っていない小さなオトコ。

たしかに、男性は子孫を残すために、若い女性を選ぶ傾向がある。でも、20代でも、ジャンクフードを主食としていたり、過度なダイエットを続けてホルモンバランスが崩れていたり、赤ちゃんを授かるかどうか、それはわからないよね。

逆に30代、40代でも、年齢に左右されることなく、心身ともに健康で食生活にも気を使い、運動も定期的に行い、20代の頃より体力がある女性もいる。

賢い人は表面だけを見ない。年齢が問題なのではなく、年齢のせいにするその心、その思考が問題なの。

ちなみに私は20代のときより、今の私のほうが好き！　自分の好きをどんどん更新していく人生だと確信しています。

ある程度の年齢にもなれば、酸いも甘いも知り、嵐も乗り越えてたくましくなってくるじゃない？　そのたくましさは、過去の経験を通して得られたもの。本当のエグゼクティブ男性は、一緒に人生を歩む女性として、か弱い女性を選ばないものです。

あなたは、本物のエグゼクティブ男性と愛し愛され、幸せな人生を歩むのだから、年齢など気にする必要はなくて、他にフォーカスすべきところがあるの。

そんなことを気にしていたら、小物を釣り上げ、妥協して結婚するかもしれないわよ！

無敵の婚活女の掟21

実年齢はただのナンバーでしょう。気にすべきは、精神年齢と体年齢と心得よ!!

5　他人と比較して嫉妬してしまったとき

みんな個々に違うってことを知りましょう。人と比較するのは意味がありません。私より可愛い人も優しい人も賢い人も、世の中には、そんな人、ゴマンといるのです。あの子の素敵だなって思うポイントをうらやましいと妬むのではなく、「私もそっちがいい」「私もそっちに行く」って決めるだけでいいんです。

そうは言っても嫉妬しちゃうって方は、その人の表面上のいいところしか見えていないのかもしれないですね。

今、その人が手に入れている輝きは、過去の努力の積み重ねがほとんどです。

嫉妬をするということは、とてつもなく心の奥深くから「それがほしい」ってこと。
それを知らせてくれた出来事に感謝のキスを飛ばしてもいいくらいです。
だから、嫉妬＝悪と捉えずに、その気持ちをプラスに方向転換させるのです。
願うことは、叶える力や可能性があるということ。
キャサリン妃やレディーガガに嫉妬をしないのは、遠い世界だと思っているからです。

私がよく講座生に話すこと。人をお花やフルーツに例えるの。りんごにはりんごの良さがあって、梨にも梨の良さがあって、決してぶどうにはなれない。それぞれみんな、違う美味しさを持っているのです。

花だってそう。チューリップ、ひまわり、コスモスと、どれも咲かせる時期も、その美しさも違うのです。ひまわりが、チューリップになって春にお花を咲かせたいと泣いていても、それはないものねだりでしょ。

みんな世界に一つだけの花。心が弱ったら、ＳＭＡＰの「世界に一つだけの花」を聞いて、自分を取り戻して！

あなたが最高に美しい花をベストシーズンに咲かせるのです！

無敵の婚活女の掟22

嫉妬は新たな自分への気づき。
嫉妬した人も、あなたの世界では脇役なのだから、主役が誰かを思い出してみて！

6　彼に嫌われると思ったら

嫌われることをおそれないこと。

自分と価値観が全く同じ人なんていない。「いる」と信じてその人を地球上から探し出すよりも、互いの価値観をすり合わせ、共有していく努力をするほうが、ずっと手堅い。

自分の意見を彼に伝えないまま関係を育むことはできないの。

彼に合わせる、我慢をするだけでは、幸せなパートナーシップは築けない。

自分の幸せを他人に委ねていると、相手の顔色や感情を優先にしがち。でも、私たちは幸せになるために生まれてきたの。

誰かに幸せにしてもらえなくても、私の幸せは自分でつくる。

そうやって、自分の人生に責任を持ち、しなやかな強さを身につけていくことで、自信という最強のドレスを身にまとうことができるのです。

自分の価値観を誠実に伝えて、それで大好きな彼に嫌われたとしたなら、それはそれまでの器の小さい男だったたってこと。

自分を偽って、相手に合わせた恋愛にしがみついても、それはいつか終わりが来るはず。

彼に嫌われない生き方よりも、自分を嫌いにならない嘘のない誠実な生き方をしたいものです。

もしかしたら、あなたがその人の器を小さく見積もっているのかもしれません。思いのほか、あっさり、「それもありだね」って、笑って受け入れてくれるかも。一人マイナスな想像力を働かせて、無駄な心配はいらないわね。

無敵の婚活女の掟23

あなたが思っている以上に他人に嫌われることはないから、安心して！誠実なコミュニケーションをしたのに嫌われたら、その時点であなたとは釣り合わない、ダメ男ってこと！こちらから、願い下げよ♡

7　焦りは女をとことんくすませる

その人の感情って、顔の表情を見れば不思議とわかってしまうもの。言葉にしなくても、その人が発するエネルギーは伝わるの。だからこそ、婚活において、**絶対排除すべきものは、焦りという感情です。**

一生懸命頑張ってもなかなか思う結果が出ないと、焦る気持ちが出てくることもあるでしょう。でも、焦ると自分を見失って、クリアな思考やベストな判断ができなくなってしまうもの。

騙されたり、痛い目にあうのは、決まって自分を大事にしていなくて焦っているとき。自分の感情や心よりも打算が勝ってしまい、自分を信じることができなくなるのです。

婚活中に焦りを感じたら、そのまま無理に動くのは赤信号。ストップでお願いします！

どれだけ口でポジティブなことを相手に伝えても、いい女風な文章のＬＩＮＥをしても、文字が伝わるのではなく、発信者（あなた）の焦りのエネルギーが伝わるのです。マイナスの感情が連れてくるのはマイナスの感情で、強い念の込もった気持ちとは裏腹に、それが叶うことはないのです。

焦って強く願えば願うほど、叶わないからね。

現実化するのは、脳の97％を占めている潜在意識の領域です。

「強く願う」のは、その願いを今、手にしていないから。願えば願うほど、潜在意識に「手にしてない」ことをインプットすることになるのね。

強い気持ちでずっと願っていると、現実化するのは、「いつまでも、叶わない」ことです。

それは潜在意識レベルで「叶わない」って思っているからです！

潜在意識で、宇宙にオーダーした夢や願望が「叶う」ってことがわかっていれば、焦って願わなくても、毎日を良い気分で過ごせるのですよ!!

〈願い〉が叶うのではなくて、〈思い〉が叶うのです!!

今、あなたはどんな気持ちで過ごしていますか？

不安ですか？ 楽しいですか？ ワクワクしていますか？ 怖いですか？

頭で考えるのではなく、心で感じることです。

自分の感情は自分にしかわかりません。

その思いが、現実になるのですよ!!

私には、(今は見えないけれど)素敵な彼がいて当然! 理由はね、「この私だもの!」

パートナーは同じエネルギーレベルで釣り合うの。自分が出している波動が高いのであれば、釣り合う男性は必ず自分と同等の素敵な男性なのです!

焦っても、いいことなんて何もない。それなら、お昼寝でもしていたほうがよっぽどマシですよ。

無敵の婚活女の掟24

焦っても、何もいいことはないと心得るべし!
気分を切り替え、オシャレして、外出したり、家で美味しい紅茶を飲んだり、自分を愛でる時間を作って、いったんリセットすること!

マリッジハンターになる極意

恋愛にしろ、結婚にしろ、夢を叶えていくには、自分で旗を上げ、その旗を目的地にしっかりと差すことから。

今の時代、「白馬に乗った王子様を待つ」そんな女性は時代遅れ。

白馬の王子様を待って、時間を浪費するのではなく、あなたが白馬に乗って、自分の意思と行動で、行きたい場所へと手綱をひくこと。時間という流れにただ身を任せて生きていくのではなく、その手で夢（理想の男性）をつかみにいくのです。

すべてにおいて、自分主導、自分主体で、自ら動くのです。

言い換えれば、彼に自分の思うように動いてもらうようにする。

受け身の恋愛は、チャンスを生かすことができずに棒にふってしまう可能性大です。

ハンティングとは、獲物（男性）をゲットしに行くこと。家と会社の往復で、何も変化を起こそうとせずに、理想のパートナーとの幸せな結婚の夢を抱いていても、変わりませんからね！

出会い、コミュニケーション、笑顔、リアクション、表現、思考、すべてにおいて、積極的かつ戦略的に行動をとること。

ヴィーナス婚活塾の塾生が「自分からデートに誘ったら、お相手に積極的ですねと言われました」と残念そうに話されたことがあります。私からすると、「そうなんですね、それは良かったですね」と思うのですが、相手にどう思われているかのほうに気を使っていたのです。

「積極的ですね」と言われてもいいじゃないですか。「あなたと一緒にいてすごく楽しいから、待てなくて誘っちゃったの」と素直に可愛く伝えたらいいのです。

相手がどう思うかよりも、自分の感情や願望を叶えることのほうがずっとずっと大事です。素直に生きることは、自分を生きることです。

本当は仲良くしたいのに、その気持ちにフタをして、相手にどう思われるかばかりを気にするのは、自分を裏切る行為であり、自分から自信を奪っていることです！

行動することで、傷つくこともあるでしょう。でも、失敗の数こそ、あなたの輝きになることを忘れないでください。

ここで、あなたの勇気にもなる、私が大好きな言葉を紹介させてください。バスケットボール界の神様といわれているマイケルジョーダンの言葉です。

「人生で何かを達成したいと思うときは、積極的かつ攻撃的にならなければならないと僕は自覚している。目標を決めたら、それに向かってひたすら努力するだけだ。何かを達成しようとする場合、受け身の姿勢では絶対に達成することはできないと確信している」

無敵の婚活女の掟25

失敗をおそれず、未来に希望を抱いて最初の一歩を踏み出そう！

今、あなたが足踏みしていることは何ですか？ 早速、それをやってみる♡

出会う前までにファンにさせる具体的ノウハウ

まだ実際に彼と会っていないというシチュエーションを想定してください。

あなたがどんな女性かということを相手に想像させることで、彼の心に火をつけることができます。

ヴィーナス婚活塾の塾生で、彼女が大阪、彼が東京で、初デートをする日も決まっていました。ところが、あることをしたら、彼が前倒しに日を早めて、彼女に会うためだけに大阪まで来たことがあります。

会う前にしたこと、それは、電話です。

LINEやメールも愛を育むツールですが、みんな100パーセントやっています。この男性も連絡を取り合っているのは、彼女だけとは限りません。他の女性と差別化をはかったことが功を奏したのです。

そして彼女は、「せっかく彼が大阪に来てくれたのだから、私が大阪を案内しよう」「半日は彼のために時間をあけよう」とか思わず、新大阪駅近くで1時間ほどお茶をした後、さっとデートを切り上げ、新大阪駅のホームでバイバイと手を振り、彼を見送ったのです。彼を満腹にさせずに次につなげ、結果、その後、告白をさせています。

また、こんな事例もあります。

男性から「電話をしよう」と言われても、電話は沈黙が気まずいから、何となく苦手だなぁと思っている方も多いと思います。

ヴィーナスの彼女もその一人だったのですが、彼女はそこで断ったり、スルーをするのではなく、あることにチャレンジし、彼を大変喜ばせたのです。

あることとは何かわかりますか？ 彼女は、自分の動画を送ったのです。せっかくの彼からの電話のお誘いに自分ができることを考えたのですね。

スマホの自撮り機能で「○○さん、こんにちは～♡」と画面に手を振り録画し、それを彼に送ったのです。男性の立場に立つと、自分が提案したことをどんな理由であれ断られると、「そっかぁ～」と残念に思うもの。でも、彼女の意表をついた代案に、すっかり心をつかまれてしまったのです。きっと彼は、何回もその動画を見たことでしょうね。

デートも料理と一緒で、次への仕込み（準備）が肝。

「会いたい」と思わせる自分の魅力を打ち出し、また彼の興味や情報を収集して、「早く会いたいね」「次のデートはこれだね！」と先手を打っていくのです。

今を大切にすることは、未来につなげる動きをすることです。

ただ単に、来たＬＩＮＥに返信をする、デートでそれなりに会話をする、ただ食事をするのではなく、事前にほしいものを明確にし、ミッションをクリアしていってください。その積み重ねで最終目的地にたどり着くのです。人生の舵とりはいつだって自分です！

無敵の婚活女の掟 26

「会いたい」と思わせるためのエッセンスを毎回、仕込む。自分から与えるけれど、彼を満腹にさせず、キリがいいところで切り上げて。

今日から、恋愛アスリート部の一員です！

ヴィーナス婚活塾のメンバーが、こんなことを言いました。

「加奈さん、ここは恋愛アスリート塾じゃないですか！」と。はい、そうですね。

だって、ここに集まるメンバーは、ただ結婚をすればいいという目的ではなく、夢に妥協をしない、「愛も富も美も」貪欲に手に入れたいと願う、人生に前向きな人たちなのですから。

現実と理想のギャップが大きく、また1年以内に必ず結婚すると決めたら、それなりの動きをしなければいけません。

草野球とメジャーリーグの練習が違うように、高い理想があるのなら、早くそれに釣り合ういい女になって、本気で練習をすることです。いきなりホームランは打てません。ホームランは決してまぐれではなく、練習の賜物です。

出会った男性が自分の好みと外れていた場合、目の前のメンズは私の踏み台（ステップ）

にするの。主役（私）をハッピーエンドにするために現れてくれた脇役さん、本当にありがとう。あなたの出演はこれにて終了だけれど、本当に感謝していますと送り出すのです。

一人の方との恋愛を肥やしにできるかどうかで、その後の婚活の運命は変わる。しっかりレッスンを積み重ねて、それを活かしていかないと、ずっと同じことの繰り返しになってくるでしょ。

レッスンも踏み台も、すべて自分のためなのです。

きっと、経験あるんじゃないかな？　婚活をしていると、好きでもない、まさにどうでもいい人が多数出てくる！　さほど好きでもない人とデートする場面が。

「私の条件に合ってないから、デートに誘われるけど、イマイチで…」

私、思うのです！　メンズをすぐに好きになるのって、私の中では一目惚れのくくりに入れているのだけど、初デートで毎回「なし」ばかりの人って、一目惚れを求めているのかなって。初デートで男性の「あり」「なし」を判断するのは早すぎですよね。

結婚を意識した女性や世間一般でいう結婚適齢期の女性が、そんな毎回一目惚ればっかりしているわけがないんですよ！

前回一目惚れしたのはいつですか？ 小学生？ 中学生？ それとも高校生？

仮に今32歳だとして、前回の一目惚れが12歳のときだったとしよう。12歳から32歳まで、たくさんの出会いがあったにも関わらず一目惚れしなかったんですよね。

だとすると、20年間一目惚れをしていなかったのだから、単純計算で、次に一目惚れするのは、20年後かもしれません！

その考えで婚活をしていると、王子様（一目惚れした人）に出会えるのって、52歳!!

毎日デートを2、3件して、美人力を上げて、デートの質や諸々を高めていれば、もっと早くなるだろうけれど、それでも、ダイヤの原石を一度手に取ったのに川にポイ！「いーらない！」って投げ捨てている可能性は大いにあると思うのです。

女性は男性を好きになる恋愛曲線が男性に比べて緩やかだから、今、どうでもいいと思っている男性でもね、恋愛レッスンして、自分の恋愛力を磨いたほうがずっとずっとイイ!!

どうでもいい人（そんな好きじゃない人）とデートするのって時間の無駄だと思いますか？　いいえ、そんなことありません♡

手に入れたい最優先事項を、最愛の人と最高に幸せな家庭をつくる!!って決めたのなら、自分の魅力を高めるために、男性とデートしたり、女らしさを磨いたり、ドキドキさせたりして！

そんな恋愛レッスンをしていれば、いざ、目の前に王子様がやってきても、うろたえることはない。いつものあなたの美しさ、輝きを思う存分に発揮してふるまえるものです。

無敵の婚活女の掟27

相手がまさかのしょぼい男だったとしても、肥やしとし、踏み台に！
そこから、彼が化けるかご縁が開くかは、あなたの腕次第。
相手によって態度を変えるのではなく、アイドルのつもりで愛をふるまって♡

禁断の3つのノート

私が主催する「エグゼクティブ婚を叶える♡ヴィーナス婚活塾」では、クライアントさんに3種類のノートを用意してもらっています。

それは、メンズノート、感謝ノート、ブラックノート。この3つのノートをフルに活用して、婚活を進めていきます。

では、順にご説明していきますね。

1 メンズノート

まず、1ページ目から理想の男性像を70〜100個ほど書き出してみてください。

それが終わったら、次のページから、1ページごとにデートをした男性を書き記します。

名前、年齢、居住地、職業など知っているスペックに加え、趣味嗜好、そして、会話内容などや素敵ポイントも忘れないために書きます。

デート時に行った場所、自分と相手が着ていた服、食べたもの、印象的な言葉など。気づいたことや、自分の感情も忘れないように。「忘れないわよ」と思うかもしれませんが、これからたくさんの男性と出会うので、情報を整理しておくことは必須です。

次回のデート時には、メンズノートで事前情報を見直して、予習インプットができ、会話でそれらを繰り出すこともできます。男性に「俺のこんなことも覚えていてくれたなんて…」と思わせることも簡単ですし、服装も前回のデート時に着ていた服と雰囲気を変えることでギャップを魅せることもできます。

「この男性とは、もうないな」と見切りをつけたら、その彼を書いている1ページに大きくバッテンを書きましょう。

メンズノートは、あなたの大事なメンズリストです。カタログをめくるように、メンズノートを作ってみてください♡

メンズノートのメンズたちと全員と恋仲になれなくても、後々ノートを見返すと掘り出し者のような男性に気づくこともできますし、その彼自身の学歴や職歴、経歴などがハイスペックであれば、彼経由で人脈が繋がる可能性も十分にあります。

メンズノート

名前 ＿＿＿＿＿＿＿＿ ○歳
住んでいるところ ＿＿＿＿＿＿＿＿
仕事 ＿＿＿＿＿＿＿＿
趣味 ＿＿＿＿＿＿＿＿
家族 ＿＿＿＿＿＿＿＿
特徴的なこと ＿＿＿＿＿＿＿＿
好感ポイント ＿＿＿＿＿＿＿＿

○／△ 初デート。お互い昼休みのランチどきに会う。
13:00 - ネクタイがオシャレ。カレーが好き。
土日はゴルフ多し。
笑顔が自然。仕事を楽しんでいる。
次のデートに誘われた。

○／△ 2回目デート。恵比寿のイタリアン。
恋愛の話で盛り上がった。元カノに
未練はなく、連絡とっていない。
付き合ったら一緒にしたいことが、
「ドライブ」と「料理」で意見が一致した。
LINEの距離感を確認。
LINEよりtelが好きとのこと。
私のタイプや結婚観について
たくさん質問してくれてうれしかった。

2 感謝ノート

すべてに感謝をしたくなる毎日を送りたくないですか？

どこまでも宇宙に愛されている。運がいい。彼もみんなも優しい。「ありがとう」と思わず叫びたくなるくらいに。であれば、今すぐに感謝の感情を表すのが効果的。

感謝ノートとは、その名の通り、自分が感謝していることを書くノートのこと。

書くことが目的ではなくて、感謝を味わい、高い波動に浸り、安心感に包まれることなので、書くことに重きを置いちゃダメですよ。

感謝は数えれば数えるほど出てきます。

例えば、携帯代や光熱費の生活費をお支払いするときも、スマホがあることでどれだけ快適な毎日を送っているか、電気もガスも供給されているのも、どれだけの方が関わっているのか、そういうところまで辿ると、感謝の波が止めどなく押し寄せてきます。

感謝ノートは、同じことを毎日書いてもいいですが、おすすめは未来の自分が感謝していることを先に書くこと。

すでにそうなっていることを想定して、そのときの私はどんな感情を味わっているだろうか。書くだけで今すぐ幸せな気持ちになるのだから、書かない手はありません。

感謝ノート

〈現在の感謝〉

・私は毎日、職場で回りの方々に可愛がってもらっていることに感謝します。ありがとう！
・私は今日、デートした＿＿＿さんに、ごちそうになったうえにプレゼントまでいただいたことに感謝します。ありがとう！
・私は毎日、帰る家があることに感謝します。ありがとう！

〈未来の感謝〉

・私は愛するダンナ様に毎日感謝しています。ありがとう！
・朝起きたら、カレが私を見て微笑んでいた。朝から優しい気持ちをプレゼントしてくれてありがとう！
・私はいつもお金に愛されていて、毎日お金さんに感謝しています！ありがとう！
・カレが私の願いの＿＿＿＿を叶えてくれた！ありがとう！

3　ブラックノート

こちらは、自分と向き合って本音の感情や心のうちを吐き出していくためのノートです。

自分よりも相手のことを考えてしまう優しい方は、ときに自分の感情や意見を隠して、相手に合わせてしまうことも。そんなとき、自分の心をノートに書き、自分がどう思っているか、どうしたいのか、なぜそう思うのか？ＷＨＹの部分をどんどん疑問形にして、掘ってみてください。

あなたが本当に言いたいことでＯＫ！「バカヤロウ」「ふざけるな！」などの言葉やブラックな思考をどんどん吐き出してみましょう。

ブラックノートは自分を愛するためのノート。デビルな私も認めてあげましょう。

なんで、モヤモヤしたの？なんで、怒りを感じているの？本当は、なんて言いたかったの？なんで悲しみを感じているの？なんで嫉妬しているの？

そうやって、抑圧されていた感情を解き放つのです。自分と相思相愛になるためには、誰よりもまず自分のことを知らないと！自分を無視し、自分を裏切る行為を続けると、心が拗ね、自信や自尊心が奪われていくことに。それも人間関係に悪い影響を及ぼします。

自分の感情をさらけ出して、俯瞰してみるだけで、その思いは昇華していきます。ブラックノートにありのままの私をとことん吐き出してあげましょう。

「本当はこんなふうに思っていたんだなぁ」と認めてあげると、ほっとした気持ちが出てきます。もう1人の私の「認めてくれてありがとう」という嬉しさのあらわれです。

これからは、いかなるときも自分ファーストでお願いしますね！

無敵の婚活女の掟28

今すぐ、この3つのノートを準備すべし！
感謝ノートは毎日の習慣にして、メンズノートはデート後、デート前の予習復習として、ブラックノートは感情の整理と自分を見つめるために！
これで、グンとスピードアップするわ！
裏を返せば、しないとノロノロ亀でゴールに辿り着くの遅いわよ～！

出会う男性のレベルを簡単に上げる方法

もっと素敵な男性と出会いたい、と思っているのなら、環境を変えることが一番早い。

職業、住むエリア、生息地など、今までと違う場所に身を置くことです。

お金持ちの周りには、お金持ちしかいないということ。

そして、**素敵な人たちがいる環境に身を置いたら、ぜひ積極的に会話をしてみてください。**

素敵な人の思考に触れるだけで、いい波動を浴びることができます。

出会いたい男性を具体的に言葉にして、周りの方に伝えてみましょう。

その際のポイントは理想を具体的に。


例えば、「優しくて、仕事を頑張っている人がいたら紹介してほしい」と言っても、抽象的すぎて忘れられる可能性大。また、人によって、〝優しい〟や〝仕事ができる〟の捉え方も様々です。

自分の望みや理想をしっかりと言語化するには、まず自分のことをよくわかっていることです。
すぐに紹介はないかもしれませんが、時間差でやって来たり、その方から枝葉のようにつながっていくことも十分あり得ます。

無敵の婚活女の掟29

メンズノートに書いた理想の男性を堂々と宣言して、周りを巻きこもう！
人とのご縁は人が運んでくるものよ！
婚活してます宣言を恥ずかしく思っている人にチャンスの神様は微笑まない！

Chapter 03 PREPARATION

メンズを陥落させる勝利の秘訣

Key of win the "MEN's" heart

凛とした心意気がオーラになる

自分の人生は自分で創る。自分で自分を幸せにするという気持ちがしっかりと軸になっていれば、目の輝きも姿勢の美しさも変化するもの。

感情と動きは一致しているからね。

彼がいれば、幸せになれる。結婚すれば、親や社会にも認められる。今のマイナスの環境を抜けだせる道を男性に求めているとすれば、それは、依存的な生き方。

今、不遇の時代であったとしても、ちょっとくらいの泥水をかぶったとしても、自分の道は自分で創ると決めること。

「私は私を生きる」という覚悟と勇気こそが、どんなドレスにも決して負けることがない華やかさと人としての輝きをプラスしてくれる。

人生の輝かしいレッドカーペットは、胸を張って、笑顔を振りまいて、堂々と歩きたいから。

何を持っているかよりも、どんな自分であるかに目を向けて！

無敵の婚活女の掟30

婚活をするけれど、結婚してもしなくても私は幸せ！
そう思えたときに、運命が劇的に動き出すの!!

彼の♥に入り込む

1　とにかく視線を奪うが勝ち

男性は、視覚的な生き物なので、恋の始まりの多くは、目で心を奪うことから。第一印象が肝心だけれど、すでに知り合いだとしても、チャンスはある。

ふとしたときに見せる憂いある表情や、何かに一生懸命取り組む真剣な姿など、ギャップを演出し、魅せることで、さらりと心をつかむことができる。

自分は平凡、普通以下と思ってはダメ。女として、自分に手間や時間をかけてあげることが、少しずつ自信へとつながっていくのです。男性は、目で恋をするのよ。

無敵の婚活女の掟31

まずは外見に気を使う!! 中身を知ってほしいのなら、常に見られている意識で! 気を使わないと誰も目をとめてくれないと覚えておいてね♡

2　色白は七難隠す

日本男性に限っての話をすれば、色が白いだけで、清楚だという印象を与えることができるの。

美白でこだわりたいのは、色の白さ以上に透明感があること。

大抵の男性は、ケバい女性を本命女性に選ばないから、白さに憧れるばかりにファンデーションを厚く塗るよりも、素肌に透明感を持たせることが必須。

ソバカスやホクロにシミも透けて見え隠れするくらい潔い、ナチュラルだけれども温かな質感や潤いある肌のほうが思わず触れたくなる。だからこそ、日々の紫外線カットや保湿などを徹底して、愛情をかけてお手入れすべき。

また、笑ったときに見せる歯が白いだけで、肌の白さと透明感も際立ち、若々しく見せてくれるから、ホワイトニングにも力を入れたい。

過去に、〝芸能人は歯が命〟のフレーズが流行したけれど、今では芸能人に限らず全員必須の時代です。

歯磨きを丁寧にしていても、食事で色素が沈着してしまうので、歯磨きだけでは加齢による黄ばみは防げない。

世界基準の美を手に入れて、とびきりの笑顔をいっぱい見せてあげましょう！

無敵の婚活女の掟32

重ね塗り、厚塗りは老けたブスにまっしぐら！
必要以上に隠さず、素肌勝負で！ 毎日のスキンケアを徹底すること♡

3　揺れる・光る・華奢の武器

華奢で、光り、揺れるアクセサリーは、彼の視線も心も奪ってしまうのです。

初対面やフォーマルなシーンでは、華美になりすぎないシンプルなものをチョイスすべき。デザインによってはチープな印象を与えるものもあるので、小ぶりで上質なものを選びたい。避けたいのは、大きなビジュー使いにイヤーカフ。海外セレブには人気でも、男性受けは散々なので、間違ったインパクトは残す必要はない。

男性受けがいいのは、小さめ、華奢、シンプル、上質。

この4つの掛け合わせであれば間違いないわ。トレンドを意識するより、一粒ダイヤやパールを日常使いして、自分の格を上げていきましょう。

無敵の婚活女の掟33

華美になりすぎず、ずっと使えるシンプルなもの、それだけでいい。顔まわりや手首のさりげなく光る演出が、ワンランク上がるいい女への近道！

4　女ウケと流行は捨てる

流行と男性に響くファッションは違うものと心得ましょう。

自分の好みや似合うものがわからないと、ファッション雑誌を参考にするかもしれないけれど、大事なのは女ウケよりも、最先端のオシャレよりも、男ウケ。

たしかに自分の好きな格好をすると心地良い感情になって波動が上がります。でも、自分の好きをあくまでも追求すれば、見た目勝負である第一印象の関門が開くことはないでしょう。

それは、一時の感情を優先にして、本当にほしいものを捨てているのと同じです。

婚活を賢く有利に動かすのなら、まずは相手を知り、それに近づけるのが得策です。

プロによるファッション診断を受けてみるのもオススメ。

無敵の婚活女の掟34

そのファッションは何のため？　婚活最優先なら、相手目線とセルフブランディングを。自己満足で終わらせないでね！

5 瞬く間に心を奪うオンナの正体

見えない部分で差がつくからこそ、香りの力を積極的に恋に取り入れたいもの。

香りを味方につけると、相手の記憶に大きなインパクトを与えます。五感のなかで唯一、嗅覚はダイレクトに大脳辺縁系に到達するので、香りの記憶は長い間、風化しないのです。香りで、記憶やシーンがふっと蘇ってくることがあるのはそのためです。

実は私、好きが高じて、運命を動かしてしまう香水を自分でつくってしまいました。（究極の恋の魔力香水　エグゼクティブで検索してみて！）

男性を虜にすべく調合した魅惑の香りは、本能に訴えかけてしまうものなのです。

無敵の婚活女の掟35

お食事を邪魔せず、TPOを心得ることは大人の嗜みよね！香水が苦手な方は、ヘアミストからトライしてみてね♡

6　ハイヒールで女っぷりを上げる

足元を見ればオシャレかどうかがわかるといわれるくらい靴は大事。

目から一番遠くて、使用頻度が高く、汚れてしまう靴にこそ、気を配りたいものです。

ルブタンやヴァレンティノのような、少しエッジの効いたものは、外見全体に変化球を投じてくれるし、シャネルのバレリーナもシンプルエレガントでやっぱり可愛い。靴のロールスロイスといわれるマノロブラニクのハンギシは、究極のラグジュアリーで、女の特権であるハイヒールを履く喜びをプレゼントしてくれる。

高いブランドの靴かどうかよりも、手入れをしていることのほうがずっと大事。かといって、安すぎる靴もNG

心ときめく靴は、人生に新鮮な風を取り入れてくれる。いつもよりちょっと値の張る、キュンとくる1足は、履くたびに素敵な気分になる。そしてそれは、履く人の人生にもリンクしていくのです。

でも、気をつけなければいけないこと。カツカツと音を鳴らしながら歩くことは雑な印象を相手に与えます。また、靴の内側が汚れていると、お座敷で靴を脱ぐと恥ずかしい思いをすることに。さらに、手入れがされているかどうか。でなければ、ガサツな女として認定されてしまいます。

1足は持っておきたい鉄板シューズは、ベージュのパンプス。

「プラダを着た悪魔」のモデルにもなったヴォーグ編集長のアナ・ウィンターの足元をご存知ですか？ファッション界の女王に君臨する彼女の足元は、ほとんどヌードカラー（ベージュ）です。理由は、ひざ下をすっきり見せ、足を長く魅せてくれるから。

ヨーロッパでは、「靴が幸せな場所へ連れてってくれる」「女の子は素敵な靴で幸せになれる」など、靴に関するジンクスがたくさんあります。

ここで、海外ドラマ「セックスアンドザシティ」の中でキャリーが言った靴に関する名言をご紹介しましょう。

「シングルという名の靴で歩き続けることは、時にとても辛いこと。だから、歩くだけでワクワクするような特別な靴が必要なの」

「ヒールは履きなれているの。高ければ高いほどいいわ」

「高いところなんて怖くないわ。私のヒールの高さをみて」

「シングルウーマンの道は平坦ではないから、歩くのが楽しくなる特別な靴が必要なの」

キャリーのように何回こけても立ち上がれば、失敗にカウントされることはないのです。

婚活においても、全戦全勝とはそうそう行かないじゃないですか。泥水を頭からかぶるような出来事や、ベッドから出たくない日や、心が打ちのめされることもあるかもしれません。そんなときこそ、靴の力を借りてみませんか。

その靴を履きたいから、外に行きたい。そう思わせてくれるシンデレラシューズは、あなたを運命の男性の元へ連れていってくれるに違いありません。

無敵の婚活女の掟36

婚活のファーストシューズは、ベージュのパンプス。

定番だからこそ、自分にぴったりなシンデレラシューズじゃなきゃ履く価値なし♡

7　白ワンピと黒ワンピの威力

この2着さえワードローブにあれば、怖いものなし！

海辺で男性にどんな水着が好きかをリサーチしたら、ほとんどの男性が選んだのが、シンプルな白か黒の水着だったというデータがあります。

男性にとって、純白は永遠の憧れ。そして、小悪魔的でミステリアス、妖艶な黒は、いつの時代もどの年代の男性も魅了してしまうもの。婚活においても、男ゴコロをつかみたいなら、この2着は外せません。

女性を美しく魅せてくれる究極の一着は、ボディラインを綺麗に、着痩せして魅せてくれるもの。

白いワンピースは、「この女性にはちゃんと誠実に対応をしないと」とどんな男性にも思わせる永遠の鉄板アイテムです。

一方、たまに大胆な私を演出できるのが、黒いワンピースです。魔性の女っぽく、いいギャップを生み出してくれる。

ミステリアスをプラスしてくれる黒ワンピは、ここぞというときの勝負服として1着は持っておきたい。

ギャップ魅せは、相手にドキっという刺激を与えます。

この2アイテムがあれば、清純、時々魔性のオンナを演じられる。シーンに応じて効果的に使い分けましょう。

無敵の婚活女の掟36

初デートは白ワンピ、回数重ねたデートで黒ワンピ。迷わず婚活ユニフォームを準備すべし！

武装せずに手持ちで挑むなんて無謀なことをしたら、撃たれて、撃沈するわよ♡

8 情熱のレッドの一刺し

イイ女として誇り高く生きていくために、男性の本能スイッチをONにさせる。

ただ可愛いだけの女は、20代までだと心得る。

30歳を超えたら、いい女として、

男性の本能に訴えかけるレッドパワーを操ろう。

闘牛も赤いものを見ると興奮するし、メス猿のお尻が赤いのは、「子どもが産める身体です」とアピールしているといわれています。

男性は赤い服を着た女性により魅力を感じるという効果が研究で認められていて、これを心理学では「ロマンティック・レッド効果」というのです。

赤は、社会的地位が高い、健康的なイメージを与えることもできる色でもあるの。トランプ大統領がよく赤のネクタイをしているのは、おそらく**「パワータイ」**を取り入れているのでしょう。首回りに赤を持ってくると、会話に説得力が増すのですね。

レッドカーペットも、その上を歩く人をより美しく魅力的に輝かせるという理由から、赤なのだと思うのです。

男性ホルモンの「テストステロン」が高い肉食男性ほど、赤いものを身につけている女性を魅力的だと思う傾向があるので、体のどこか一部または持ち物に、ぜひ取り入れてみましょう。

恋の炎がさらにメラメラと燃えちゃうから。

無敵の婚活女の掟37

大勢の中で、目立ちたい。セクシーさをアピールしたいときは、全身赤で決まり！
また、ここぞというときのリップはルージュでね♡
男性が女性の顔のパーツを見るとき、目が1秒以内なのに対し、唇は4～5秒っていうデータが出ていて、目より口を見ているわよ♡

9　潤い度は、生活力の表れ

肌は生活の質が見え隠れする部分です。丁寧な日常を送っているかなんて、外見を見れば一目瞭然。

仕事で残業続き、食事も適当で、自分の健康に気を使うこともままならない。睡眠も十分に取れていないし、おまけにストレスを抱えている。そんな状態では、ニキビや肌荒れ、目の下のクマなど、肌トラブルが続くのも当然です。

男性は本能的にいい子孫を残したいと思っているので、そんな女性が選ばれにくくなるのは明らかです。

「肌が弱い」と思われるのではなく、「ちゃんとした生活ができていないのかな？」と思われてしまうのです。

出会いを求めるのなら、美肌力を上げるのはマスト。

まずは食事と睡眠で内側の細胞レベルで上げていくことですが、毎日ローションパックをするなどで、外側からのケアも習慣にしたいですね。

ボディに関しては、お風呂上がりにバスタオルで体を拭く前に、ボディオイルを馴染ませてから、ポンポンと体を拭くと、吸い付くような肌になりますよ。

手をかけてあげれば、体はちゃんと答えてくれるものです。面倒がらずに、意中の彼を落とす最初のステップだと思って実行しましょう。

無敵の婚活女の掟38

1にも、2にも、3にも保湿！
日々の積み重ねで触れたくなる肌でいると、女としての自信がみなぎる♡

10 心を奪う声

あなたは自分の声は好きですか?

声が高い人には高い人なりの、低い人には低い人なりの悩みがあって、自分の声を好きじゃないという方、声にコンプレックスを持つ方は案外多かったりします。

でも、自分で聞く声と他人から聞く声って、案外違っているものなので、それはないものねだりかもしれませんね。だから、自分とは違う声になろうとせず、その個性を受け入れてみましょう。


高い声は、若々しくて元気で可愛い、低い声はしっとり落ち着いた大人っぽさ。そのどちらにも共通する相手に心地よく感じさせるポイントは、声に優しい愛情を乗せること。

優しい愛情を乗せた声とは、その声を形で表すとハートやマルになるというイメージ。

可愛さを数倍にも格上げさせる武器にもなるような声を届けたいときは、晋段より丁寧にゆっくり話すこと。そこにほんのりとした色気が宿ります。

お仕事モードのときは、回転が速くて、テンポよくチャキチャキと話す方も、デートの時は、それはOFFにして。
相手に好き（隙）を与える話し方は、OFFモードでね。

無敵の婚活女の掟39

いつも同じテンポで喋らない！
声も相手へのプレゼントだと思うべし！

11 魅惑のS字ライン

どれだけ女性らしい格好をしていても、艶めくルージュを塗ってみても、もったりとした体では台無しです。

女性は細部を見、男性はフォルムで恋に落ちるといわれます。女性のくびれって、どうしたって見つめざるを得ないの！

ストンとしたIラインのワンピースより、ウエストに絞りがあるXラインのものや、ベルトでウエストを強調させたもの。着るだけで、簡単にメリハリができるのです。

体は不思議なもので、「ここはウエストですよ」と意識して流してあげると、くびれが浮き出てくるのです。日常的なセルフケアや、フィットした洋服を着る習慣は、オンナであるという自覚を呼び起こしてくれます。

私は女である。

このセルフイメージを持つことで、ミツバチが花に引き寄せられるような香りがフェロモンとして放出されるのです。

また、膝は足のウエストです。ファッションショーに出るモデルは、膝がちゃんとそこに存在している手入れが行き届いた足をしているでしょう? セレブな女は年齢を言いわけにせず、努力した証を自信に変換させています。

お尻、太ももの肉が膝に流れてそこで止まり、重力にはさからえないなどという言い訳は封印して!

ウエスト、膝、足首と全身に3つのくびれを持っている女性は、どんな服を着ていても、女性的な魅力が醸し出される。

緊張感のないウエストを放置すると、恋のチャンスもどんどん遠ざかってしまうってことを肝に命じておきましょう。

無敵の婚活女の掟40

毎日のむくみはその日のうちに徹底ケア。
放置はブタになる道に足を踏み入れているのと同じ!
脱げる体は日々の努力の賜物ですよ!!

ミスユニバース代表として過ごす

「今日から、ミスユニバース代表として過ごしてください」

これは、ヴィーナス婚活塾の初日に、私から塾生に伝える言葉です。

ミスユニバースとして過ごすということは、いつも覆面審査員に見られているということ。家を一歩出たら、髪の毛から足元まで、姿勢や立ち居振るまいまで、360度くまなく見られていると意識して過ごすのです。

電車の中や公共の場で化粧ポーチを広げるなど、格好の悪いことはしませんし、困っている人を助けたり、自分から挨拶をしたり、いいことを積極的に行います。

目線や視線、顔の表情や歩き方まで、いい意味で心地よい緊張感を持つことで、メリハリが出てきます。女優がどんどん垢抜け、洗練されていくのも、常に他者から見られているという緊張感が生み出すもの。

ところで、ヴィーナス婚活塾のメンバーは、よくナンパをされています。ナンパと聞くと、軽い、チャラいといったイメージがあると思いますが、塾生たちに声をかけてくる人は、決してそんな人ばかりではありません。それは、曜日、時間、エリアを熟知して、狙ってエグゼクティブに声をかけさせているから。

ナンパから交際に発展しただけでなく、理想的な彼と結婚をした方もいますよ！

某外資系ホテルの入り口で声をかけられた彼女は、スルスルと交際、同棲、そしてスピード結婚。アラフォー美女がアラサーのエグゼクティブを虜にしたのです。

チャンスを生み出し、チャンスをモノにするためには、普段の意識から変えていくこと。

いつ運命の出会いが訪れてもいいようにしてくださいね！

無敵の婚活女の掟41

出会う偶然をチャンスに変えるのは、準備があってこそ！
準備とは、どんな出会いも受け入れるマインドとデート仕様の外見です。

100発100中、狙いの掟

どんなに顔立ちの整った美女も、溢れんばかりの笑顔の女性にはかなわない。

男性の心を射止める笑顔は「私はあなたを受け入れます」というダイレクトメッセージ。

初対面時は第一印象がすべてなので、笑顔は150パーセントを心がけたい。イメージは、大好きな彼と1年ぶりに再会する設定にして。

それを素直に実行した塾生は、相手も自分と同じような満開の笑顔で応えてくれて、その後のデートも盛り上がり、その後お付き合いを開始しました。とっても彼に愛されていて、今でもとても幸せそう♡

「笑顔ね、はい、はい、わかっていますよ」と言う人に限って、残念ながらできていないことが多いです。実践してみせてもらうと、緊張から引きつっていたり、目をそらしたり。知っているとできているは、イコールではないのです。

普通にクールぶっている場合ではありません！

初デートは、いわば面接であり、オーディション。

笑顔100％でも弱いのです。150％出しですよ！

「笑顔がうまくできません」という方へのおすすめは、スマホで自撮りをすること。私は塾生に自撮りレッスンをしているのですが、それは究極の自己肯定になるからです！

自撮りをするとね、自分が可愛く撮れるアングルや角度を勝手に研究しちゃいます。この角度の私、可愛い？とか、光の加減でお顔に奇跡が起きた？とか、こんなブサイクのはずではない！とか。とにかく何パターン撮っても、延々とキリがないのです。

「私って、自分で気づいていなかっただけで、実は、思っている以上に可愛いのでは？」と素敵な勘違いも起こさせてくれる。自撮り回数が多い人ほど美への追求心がある。

SNSにアップする必要はないので、自分の笑顔をたくさん集めてみてください。

無敵の婚活女の掟42

恥ずかしがらずに、自分の写真を撮る！
自分の笑顔を客観視して、現実を知り、改善案を考えるキッカケに♡

LINEのアイコンは広告

ＬＩＮＥのアイコン写真が自分の顔写真の人と、風景や物などの人、どちらがモテるか、または、喜ばれるか、もう答えはわかっているはずですね。
間違いなく顔写真。そして、笑っている笑顔ね！一番可愛いやつ!!

あなたのアイコンの笑顔が毎回送られてくるだけでも、男性にエネルギーをプレゼントしているのです！

風景やペットや食べ物にしている人は、それをアピールしたいのかな？そこに意味やこだわりはあるのかな？

自分＝その写真になりますよ！

セルフイメージが高い肉食女子は、私、可愛いでしょ♡っていう写真を載せて、少しずつ相手の心を奪っていってますよ！多少の盛りは、ご愛嬌♡それが、私♡
自撮り練習をして、可愛いに磨きをかけましょう。

入塾時、「LINEのアイコンが自分の顔なんて…。無理ですー！　絶対にそれはできません!!」とどん引きするほど全拒否していた方も、気がつけば自ら自分の顔写真に変えていました（私からの強制ではないですよ）。

しかも、何回もコロコロと変えていて、周りからも好評で。彼女の恋愛が加速したのは言うまでもありません。

自分の笑顔に自信を持とう！私って可愛いな！って思えたら、絶対に自分のことを好きになっていく!!笑顔に勝るものはなし。

自分を好きになること、それがすべての始まりだからね♡

無敵の婚活女の掟43

LINEのアイコンを自分の顔のベストショットに！　または、全身写真でも可♡
いかなるときも自分アピールをちゃっかり忘れない。

可憐なエロさを武器にする

男性に受けがいいのは、ちょいエロなコンサバです。品と色気は相反していて、その振り幅がギャップになり、魅力を生み出すのです。

バランスがちょうどよいコンサバがグッとさせる。「私は〇〇な女である」というセルフイメージなんて、外的要因さえおさえれば変えることができるので、品と色気を滲ませるには、ファッションから攻めていくことです。

色気というと、体のパーツを出すのかというと、そうではありません。

カジュアルな格好の定番、ジーンズなら、スキニーをチョイスして、ヒップラインを魅せてみる。下半身がカジュアルでボーイッシュであれば、肩やデコルテ、またはうなじを綺麗に出して。触り心地のよい上質な素材のトップスを合わせてみる。

首、手首、足首、この3つの首は細く華奢なパーツなので、ちょっと見せるだけで自然と色気を感じさせられるのです。

冬はどれだけ寒くても、タイツよりも、ストッキングのほうが男ウケはよろし。タイツを履くなら、30～40デニールまでにとどめておきましょう。

決して過度になりすぎず、上品さを失わないこと。わかりやすい、攻めた色気よりも、ふとこぼれる色気を仕込む。ポイントはチラリズム。

無敵の婚活女の掟44

カジュアル一辺倒ではやる気のない女の烙印を押される！
毎日のファッションで、どこか一つ女らしさを出し、攻める時はセクシーさを武器に仕掛けるべし！

Chapter 04 ACTION

マリッジハンティング術

Technique of "MARRIAGE HUNTING"

出会いのイロハ

出会い方にこだわらないと、一気に素敵な出会いが流れ込んできます。

ナンパをする人なんて遊び人だ。結婚相談所はいい男がいない。職場恋愛なんて論外。そんな不平不満を並べていては、いい出会いは、なかなかやってきません。言葉はその現実を連れてくるのです。

「出会いがない」この言葉は今日から封印！

素敵な男性は、出会いがない女性のことを魅力的な女性とは思いません。

自ら「出会いがないんです」と言うのは「私は出会いのチャンスをキャッチできていません」、「私、男性とデートって、ずっとしていません」と言っているようなもの。

それを言うことで何も得をすることはないのです。

「なんで彼氏いないの？」と聞かれ、「ずっと出会いがなかったの」じゃ、幼稚な女性の烙印を押されかねない。それなら「仕事に恋をしていたから」とかのほうがずっといい。

ハンター気質な男性ほど、価値ある女性を追いかけたくなるのです。

そして、インストールすべきは、365日24時間出会いがある私。

本気で結婚をすると決めたら、自分がピンと来た運命のルート以外も大量のメンズ（魚）が網にかかるイメージでいよう。

仕事をしている間も、寝ている間も、友人とお茶をしている間も、いかなるときも出会いセンサーをONにすること。

ただ、そう意識するだけで、今まで見えていなかったものが見え、拾えていなかったものを拾えるのです。見られている意識が高まって、凜としたオーラを放つから！

無敵の婚活女の掟45

私は強烈な愛の磁石♡
だから、最高にいい男と出会うんだ！ さぁ、言葉にしてみて！

リアルとネットを使いこなす

まず心得るべきことは、運命の出会いは無限にあるということ。

第2章にも書きましたが、婚活において、売り出すべきは自分自身であるということを忘れないで。最高傑作品である自分を男性に知ってもらわなければ、素敵な女性だなぁと思わせなければ、恋のスタートは切れません。

リアルな出会いとは、友人知人の紹介、職場関係、趣味仲間、合コン、婚活パーティ、結婚相談所、行きつけのお店、ナンパなど。

そして、リアルな出会いを確実にモノにしたいなら、ぜひお一人様行動を。

オンナ同士でいるのは楽ですし、初めての場所に行くにも、友人がいるだけで緊張も和らぎ安心ですが、男性から声をかけられる隙を与えるには、お一人様です！

例えば、カフェに行くとしましょう。近所のカフェもいいですが、ここは戦略的にカフェ選びを。あなたの理想の男性がいるエリアのカフェに行くのです。

オフィス街、外資系企業エリア、また、有名大学エリア付近など、彼らが出没しそうなエリアを考えます。

オフィス街エリアであれば、お昼時の定食屋さんでは、男性と相席になる確率も高くなりますし、お弁当を買う列に並んでいれば、その待ち時間に話ができることも。

女性はおしゃべりが好きなので、友達と行動をともにしていれば、そんな隙はありません。友達と会話をしているところに割って入るような勇気のある男性は少ないのです。趣味の集まりも、理想の男性が参加しそうな環境に一人で入れば、自然と仲良くなれますね。

チャンスの神様は、お一人様行動、その勇気に微笑むの。

一方の婚活アプリ、ネット婚活、SNS婚活。10年前まではあまり馴染みがなかったネット婚活ですが、今では婚活をサクサク進めるためには、24時間、自分が仕事をしている間も寝ている間も自分の情報を広告してくれるネット婚活は欠かせなくなっています。

私の講座生でも、ネットで彼を探すことに否定的な方はいます。「ネットで出会うのは怖い」「きっとオタクしかいないし」「前にやったけどいい人はいなかった」と言うのです。

未知の体験には不安がつきものですし、過去の失敗は次に活かせばいいのです、それに、ネットが怖いと言いながら、普段、当たり前に楽天やアマゾンで買い物をしているのです。

トライした結果、お付き合いしたり、結婚されたヴィーナス（講座生）も数知れません。最初は気乗りしなかった彼女たちも、自分への自信が高まり、マインドアップされると、自分という最高の商品の広告を出したくなるのです。

リアルだけに頼らず、ネットを駆使した婚活を併用するとレバリッジが大きく働く。

実際、アメリカでは3人に1人の割合でネットを通じた出会いから結婚していて、これから、世界的にますます広がっていくでしょうね。

無敵の婚活女の掟46

婚活にネットを使わないなんて、まだガラケーにこだわっているようなもの！

可能性があるなら、果敢にチャレンジすべし！

婚活アプリを鮮やかに攻略

ネット婚活における最初のステップは、キャッチーなプロフィール作りです。

ここを無難に適当にサッと作って、「完了！」なんて言っていたら、お馬鹿もいいとこよ。

それくらい大事ってことですよ！

そして、魅力を打ち出した渾身のプロフィールを作ればそれで終わりだと思っていないかしら？ そんなわけないでしょ！ 状況に応じて変化させ、アップデートさせていかなくちゃ。これで安心だとタカをくくって動かないことは、一昔前のメイクをいまだにしている時代に取り残されたイタい女と同じってこと。そうはなりたくないでしょう？ ならば、今のベストを文章や写真でアップデートさせること。

どれだけ魅力的な人物だって、最初の入り口に惹かれなきゃ、中には進まない。

プロフィールは、あなたの広告であり、ＣＭなのです。

次のステップでは、思わず〝イイね〟を押したくなる写真を揃えます。

①上半身アップの顔写真3枚

この3枚は、似たような写真ではなく、3種類違う場所、シーン、服、表情、髪型で変化を持たせます。笑顔満開、微笑んでいる顔、髪型もダウン・アップなどアレンジを。男性も人によって好みは様々。どの写真にヒットするかわからないので、確率を上げるためです。

そして、過去の栄光のような写真は載せないこと。

昔は可愛かった、細かった、この写真が好き。そんな気持ちから、これ！という1枚を選びたくなるかもしれませんが、鮮度の高い最近の写真が、エネルギーもあっておすすめです。

過去に浸らず、魅力をアップデートさせましょう。

自撮りでも他撮りでもいいですが、適度に肌の補正や色の修正など、加工をすること。全体的に色の明度を上げると明るいイメージになり、存在感もアップします。

盛りすぎはよくないですが、何もせずにそのままは避けたい。

「実際会ったときにガッカリされるのでは？」と心配される方もいますが、そんな心配はご無用です！　雑誌に掲載されているモデル、グラビアアイドルにしろ、みんな手を加えていますし、婚活中のあざとい肉食女子たちは、みんなやっています。

まず、最初のキャッチがなければ、会うことすらないのですから。

そして、注意すべきなのは、季節に応じた服装を心がけること。

真夏にニットを着た格好や、その逆も然り。シーズンを超えてこのアプリで活動しているのかな？と想像させてしまうから。

商品でいうところの売れ残りは敬遠されがちです。

② 全身のスタイルがわかる写真

写真館で撮るキメたお見合い写真のようなものではなく、日常のスナップや旅行先で撮った写真など、ごく自然なものが1、2枚あればいいでしょう。一緒に友人が写っている場合は、スタンプで顔を隠すのが常識です。

また、背景にもこだわることで、他とグッと差がつきます。背景に人がたくさんいるようなゴチャゴチャしたところは避けること。

顔写真と全身写真は定期的に変更して、エネルギーを回して行きましょう‼

③ライフスタイルを想像させる写真

趣味嗜好など、あなたのライフスタイルがわかる写真を。

花、ペット、自然、手料理、子ども、風景写真などが受けがいいです。

ネット婚活では、男性は写真→プロフィールに進みます。

だから、写真を適当にせず、究極の隠し札を1枚とは言わず複数持っていること。

無敵の婚活女の掟47

いざというとき、手持ちの写真に自信がない場合は、プロに頼る！
その際のカメラマンも超重要！ あなたのナチュラルな笑顔を引き出してくれ、婚活目的だという趣旨をわかって対応してくれる人であること。
SNSで、個人で写真撮影をやっている人を探すのもアリ！

唯一無二で差をつけるプロフィール文章

シンプルすぎるのは真剣度が低くみえるし、情報の詰め込みすぎも読み手を疲れさせる。だから、客観的視点に立って、自分の魅力がちょうどいい加減に伝わるよう作成すること。

名前は、下の名前やイニシャルがいい。ペットの名前や意味不明な名前をつけるのは、印象に残るが、不思議ちゃんや知性を疑われることがあるので、気をつけて。

趣味嗜好、休日の過ごし方は、旅行好き、カフェ好きを極力書かないほうがいいでしょう。これらを好きな男性ってそうそういないので、「みんな同じことを書いているね」と思われるのがオチだから。

どうしても書きたいなら、より具体的に、頻度や目的なども書きましょう。

もしあなたに「これを書くと男性にひかれるかも」と思うような趣味があれば、ぜひそれを書いてみて。例えば、釣り、ゲーム、漫画、車など、案外共通の趣味だったりして、男性に「お！」と思われることも。ただし、登録したてのタイミングで、イイねを意識的にもらいたい時は、オタク系の趣味はほどほどにして、万人受けを狙うほうが無難です。

自分の外見や性格のことをプラスに褒めるのもポイント。

自分の好きなところなんてないと思っても、絶対にあります。笑ったときの顔、細くスッとした指、艶やかな黒髪、肌年齢の若さ、長い睫毛がチャーミングなど、何だっていいのです。それでもわからないなら、周りに聞いてみましょう。その際は、こちらも相手の素敵ポイントを伝えて、互いに褒めあって。案外、自分ではわからなかった部分や当たり前と思っていたところが褒められたりするものですよ。

そして、**忘れてはならないこと。自分の好きな男性像や理想の恋愛、結婚観も恥ずかしがらずに書きましょう。**

戦略的にゲームのように遊びながら攻略するためのポイントは、

① 自分が検索にかかりやすい設定にする。

例えば、地方より都会のほうが人口が多いので、居住地を都会にすることでたくさんの人の目に触れる。いずれ引越しを考えているなら問題なし。他のチェックボックスも同様の目線で行う。

最初は多くの男性に存在を知ってもらったら有利なので、まずは大量にイイねをもらい、人気女性になることを目指す。

②足跡を誰かれかまわず残しまくる。

プロフィールにイイねを押させる一文を入れる。例えば、「イイねを押してくださった方のプロフィールはお一人お一人しっかり拝見させていただきます」などと書いてあれば、男性は希望と可能性を感じてくれる。幅広い男性から、まずは大量イイねをもらい、ある程度集まってから本命男性にアプローチをする。

③24時間以内のログインキープ。

暇があればログイン。

④自分から積極的にイイねを押す。

鉄は熱いうちに打つこと。マッチングしたら時間をおかずにお礼のメッセージを送ろう。

無敵の婚活女の掟48

一気に人気女性に躍り出て、たくさんの男性の目に触れるために、登録したては、男性を探すより、自分を知ってもらうことに力を入れる！
探すのは、たくさんのイイねがつき、プロフィールに箔がついてから。焦りは禁物！

7 彼が私に魅了されるための押さえどころ

男性の追いかけたいと思わせる本能に火をつけることがラブミッション。思わせぶりなことをするなんてと思わず、まぁ、聞いてください。

男性はプライドの生き物だということはご存知ですよね。だから、高嶺の花的な、自分とはレベルがかけ離れた雲の上の美女より、「ひょっとして、俺に気があるのかな?」と思える女性に恋の期待を抱くのです。

最初は、特に気持ちがなくても、そんな気がすると、急に意識をしだす。

ここで気をつけたいのは、「完全にあなたに惚れています」感は出さないということです。完全に惚れている感とは、「会いたい」「帰りたくない」アピールが激しく、私の世界はあなたオンリー、あなた色に染まりたいとガンガンに押すことです。

追いかければ逃げたくなるのが男性というもの。

ポイントは、「ひょっとして?」「まさか?」「俺に気があるのか?」と、確信には至らないけれど、そんな気を起こさせてしまうこと。

それを確かめようとして、彼はあなたを追いかけるという行動に出るのです。

追いかけさせたいと思うなら、引き際を心得る。

例えば、デート中、明るく楽しく嬉しい感情をたっぷり彼に伝えていたのに、急にシンデレラになって「用事を思い出しちゃったから」と先に帰ったり、電話で盛り上がったところで、「そろそろ切るね」と切り出したり、LINEもシンプルに返すなどして。

一緒にいるときは、絶対に俺のことを好きなのに、あまり連絡がないのはなぜ？他にいるのかな？と勝手に想像してくれます。

好意は出すけれど、ガンガンに全出しをしないことで、「もっと」という欲求を引き出すこと！エグゼクティブな男性は、頑張らなくても簡単に手に入る女性に、興味など持ちませんから！

無敵の婚活女の掟49

好意を伝えるのは70％までにとどめよ！

恋愛初期段階に好きを全出しすると、男性は安心してあなたへの興味が減る。あなたがほしいのは一時の恋愛関係でない。目先の利益を追わず、余裕を見せて！

初デート慣れ

出会っても次がなければ、一期一会でしかない。

2人でのデートがなければ、関係はなかなか発展しません。連絡先を交換しても、「2人で会う」が最初のミッションだということを絶対に忘れてはいけません。

いつまで経っても、ただの男友達やメル友という仲を望んではいないでしょう？

男性から「会いましょう」と言われるのを待つのではなく、こちらからも、タイミングを見て「ぜひ、会ってお話したいですね！」と軽やかに投げてみる。

断れることが怖い？ 勇気がいる？

いいえ、断られることよりも、現状に変化がないほうが怖いです！

誘われるのを待つとか、いつまでも待つ私とか、演歌に出てくるオンナですか？

時代遅れもいいとこ、はっきり言って、化石的に古いです！

ヴィーナス婚活塾のメンバーは、初デートで2回目のデートに誘われる率100%の方がほとんどなのですが、その理由の一つは、初デートを完全にモノにしているから。回数を重ねるごとに質をあげているからです。

緊張するとか生ぬるいことを言っている場合ではありません。

デートする相手は、必ずしも好きな人とは限りません。スタメン、1軍のメンズしか受け付けないと狭めるのではなく、3軍のメンズも視野に入れるのです。

結果、そのお相手と恋のスタートをきれなくても、経験こそ財産となり、次に活かすことができるのです！

無敵の婚活女の掟50

今週末の予定にデートがないなら、3軍でもいいので、デートに誘うべし！
婚活期間に、本命君とだけデートをしていては、時間の無駄と心得よ！

思いのままに動かす仕掛け

女性は、彼に自分の思い通り動いてほしいと思うものですが、でもそれを無理矢理、強制執行するのはいかがなものかしら。

例をあげると、連絡やデートを押し付けたり、以前、約束したことを「約束したことは絶対だからね」と言い張って彼の立場に立たない女性。世間に溢れる「女性はワガママだ」「女性は姫であるべき」「彼は彼女の願いを叶えてくれて当然」そんな言葉を盾にして、それを押し切るのです。

私の友人の男性は、彼女に結婚したいと熱望され、外掘りを固められて結婚をしたのですが、「自分で決めたかった」「無理矢理に進んでいたような気がする」とずっと違和感があって、その後離婚しました。この例で言えば、違和感の原因は、彼が自ら動いていなかったことにあったと思うのです。

優しい彼なら、女性が、あれして、これしてと自分の都合だけを主張しても叶えてくれるでしょう。

でも、彼は「彼女が言うから」叶えたのです。もっと言えば、「うるさいから」「面倒だから」「付き合っているから」「責任をとらないと」「仕方ないから、そうする」……。

これはあなたが望んでいることですか？　ベストは、「俺がしたくて、そうする」じゃないですか？

男性が納得して、喜んで、進んでそうする。行きたくないのに、したくないのに、心が動いていないのに、我慢をさせてまでさせるのは、ある種の暴君です。

「私はこう思っている。だから、こうしてほしいの」この言葉は、一見、ちゃんと自分の主張をしているようですが、相手の立場を無視しています。

仮に、あなたが彼と一緒に住みたいとしましょう。

考えるべきは、「どうやったら彼は私と一緒に住みたいと思うだろうか」。

私はあなたと一緒に住みたいって思っていることを伝えたうえで、彼が動きたくなるようなことを考えるのです。「そんなのわかりません」という甘えた言葉が出てきたあなたは脳を使うことを放棄しています。

彼の立場に立って、彼がそれを進んでやらない理由は何なのか?を考えるのです。

彼を思いのままに動かしたいのなら、自分の意見を主張する前に相手のことを思いやる。

男女間において、大事なこと。

それは、仕掛けは女性から、決定打は男性からなのですよ!

人は結局のところ、心でしか動かすことはできないってことを肝に命じておいて。

無敵の婚活女の掟51

彼に動いてほしいとき、変化させたいときは、感情を爆発させたり、強制させない。

感情の爆発は自爆テロね!

彼がしたくてたまらない状態に持っていくこと!

彼を勝たせる恋愛術で巧みに理想のオトコに仕上げていく

人は誰しもプライドを持っていて、そのプライドをくすぐられると、好意を抱くもの。言いかえれば、一緒にいて、セルフイメージが高くなるような人とずっと一緒にいたいと思うものなのです。

逆に、自分を否定する人とは距離を置きますよね。なぜなら、人は他者からの言葉によってセルフイメージを作るので、自分のイメージが低くなるような人といるとプライドが傷つくからです。

彼に、また会いたい、ずっと一緒にいたいと思わせる女性は、彼の自己肯定感を上げています。男性は自分をいい気分にし、自己肯定感を高めてくれる女性には弱いのです。「楽しい、気分いい」って男性に思わせる女性は、愛のエネルギーをたくさん送っているの。

愛のエネルギーは、彼の自己肯定感を高めるのです。

彼の自己肯定感を高めるためには、時に平気な顔で可愛いウソもつくし、工夫もする。自分を可愛く魅せ、有利に恋愛を進めることもできる。

例えば、男性が意気揚々と自信満々に話をしているときに、女性側もテンポよく会話の流れに乗り、悪気は一切なく、「あ！ それ、私も、もっとすごいのを体験したことあります‼」と話を自分のほうへ持ってきたり、「私もそれ聞いたことあります‼」と彼の見せ場を奪ったり、思ったことをそのまま言葉に出してしまうとね、場合によっては、男性のプライドを真っ二つにポキってへし折りかねない。

女性陣は、そんなことで？って、思うかもしれないけれど、オトコのプライドを侮っちゃダメですよ。高いんだから♥

自分がデートを楽しむのは当たり前だけど、もっと「彼が私に惚れる、追いかける」方向に持って行きたければ、戦略的に彼の心を満たすことも頭の片隅に置いといてね！

「彼の心を満たす」とは彼へ愛のエネルギーを与えること。エネルギーの法則では、与えた分が必ず何らかのカタチで返ってくる。彼からの愛がほしければ、先に与えること。すべては先に自分から出すこと‼なんです。

男性は目の前の女性が自分を認め肯定してくれて、自分に対する褒めや賞賛の言葉に、「こいつウソを言っているな？」とかは、まず思いません!!

嬉しくて、調子に乗って、ポーッと鼻の下を伸ばすか、舞い上がって会話のアクセルをさらに踏み込むかで、とにかく「いい気分」になっていますから。

ほしいもの（未来や彼）のために、自分の魂を売る必要はないし、自分を下げるわけでも、負けるわけでもない。

すべては彼がいとも簡単にあっさりとあなたを好きになる一つの戦法なんです!!

無敵の婚活女の掟52

彼が話しているときに、負けず嫌いを出して話を折るべからず！
毎回のデートで最低3回は彼のことを褒めて。
それができない人は、目に入るすべての人のいいところを3つ探す習慣を！

彼のセルフイメージすらも操る

彼を勝たせるとは、彼の自己肯定感を上げていくことです。

例えば、彼からの連絡を待っていたのに来なかったとき、「なんで連絡くれなかったの？」「昨日、連絡くれるって言ってたよね？」と正論を主張して論破したら、その場ではスッキリするでしょう。なかには勝ったと思う方もいるかもしれません。

でも、あなたの本来の望みが「彼から連絡がほしい」だとしたら、そういったコミュニケーションは、彼の自己肯定感を小さくしてしまうので、正しくないのです！

男性は縦社会で生きている、女性よりプライドが高い生き物。

彼女に言われて（怒られて）やる俺＝俺の負けとなり、

彼女＝上司≒指示者　俺＝部下≒言いなり

こんな式が無意識にインストールされてしまうのです。

この場合の正解は、連絡がほしいなら、連絡をくれるたびにその喜びや嬉しさを素直に表現して、言葉でしっかりと伝えていくこと。**つまり、日常から愛を放出していること。**

自分がした行動で彼女がハッピーな笑顔を見せてくれることは、彼のセルノイメージを高くしていくのです。「彼女を幸せにしている」ことが、男性の大きな喜びなのですよ！

自分に置き換えてみるとわかります。子どもの頃、親に勉強しなさいと言われると、やろうという気持ちが多少あっても、急にやる気が喪失したり、責められていると感じたりしたことがあったでしょう？ 逆に自主的に勉強をしているときに褒められると、〝自分はできる子〟なんだとセルフイメージが作られ、進んでやるようになるのです。

これは男性にも同じことが言えます。パートナーシップに上手に活用しましょう。

無敵の婚活女の掟53

彼のセルフイメージをコントロールできる技量を持つ！
彼があなたに何かしてくれたら、意図的に、彼に言葉で感謝を伝える♡
彼は、ますますあなたの理想のオトコになっていくよ！

愛されコミュニケーションのスキル

幸せを感じる瞬間の一つに、感謝をされるということがある。

彼がしてくれたことを全力で喜び、表現する女性は、見ていてとても心地よい。

前の項目で、彼を勝たせることをお話ししましたが、愛されたいなら、愛のギフトを無料で大放出してください。

「お相手に好きだと勘違いされませんか？」「まだ相手のことがわからないのに、いいんですか？」と聞かれますが、結論から言って、**勘違いさせてしまっても、いいんです!!**

恋の始まりは、勘違いからなんですよ。

変な罪悪感や責任はただちに放棄してください。

デートはゲームです。

次の展開に行けるチケットは、相手にまた会いたいと思わせること。

また会いたいと思わせ、手放せない女性になるために欠かせない絶対条件、それはね、**男性を満たすこと**なんです。

これがないと、お付き合いしていても、よそ見されたり、自分のことを満たしてくれる他の女性に走ったり、二股されたり、浮気されたり、振られたりするの。

男性がなぜ、キャバクラやクラブに行くと思いますか？

自分のプライドを満たすため。

仕事の接待ではなく、キャバクラに一人で行く人は、これを求めているのです。

1本50万超えのボトルをおろすのはね、単にお酒を飲むことにお金を払っているのではなくて、そこでプライドを買っているの。お酒を飲むためにそういう場所へ行くわけではないのです。家で飲んだほうが断然安いのですから。

自分を認めてほしい、自分を褒めてほしい、自分を求めてほしい（甘えられたい、頼られたい）。普段から褒められることに慣れている社会的地位のある方ですら、高いお金を払ってでも、女性に自分のことを褒めてほしいのです。

婚活塾のメンバーに、出会いの場で男性を褒めることの重要性をお伝えすると、「褒める以前の人だった場合でも、褒めるんですか?」「タイプじゃない人を、褒めるなんて無理」という声がちらほら聞こえることもありますが。

タイプじゃない人と喋りたくないのに、しかも褒めるなんて…と思う人は、褒めると自分が損する的な考えを持っているのよね。

私から言わせると、損するどころか、得することばかりなのに!!

しのごの言わず、人のよいところを見て、それを口に出して褒めて伝えること。

これは、媚びるでもなんでもないのです!

媚びを売るというのは、打算的で何かしらの見返りを求める行為だけど、人を褒めるっていうことは、その男性に愛のエネルギーを与えているのです。

たとえ、頭がキラリンと輝くハゲた人でも、小太りでダサい格好をした人でも、よいところはあるのです！

直感だけで、「この人ないわ」と決めつける前にその人のよいところを見ること。

恋愛から遠ざかっていたり、褒めるなんて意識したこともないし、なんだか苦手というなら、街ですれ違う人全員、電車で同じ車両の人全員、職場で関わりめる人全員のよいところを考えてみてね!!

無敵の婚活女の掟53

最初から自分に惚れさせる！
自分の中にある愛を、言葉や表現を通して積極的に伝える。
出会う人すべてに実行ね！

褒め上手な女の度量

褒める練習、人のよいところを見る練習です。

自分の恋した人しか褒めないなんて、愛がなさすぎ！　どんだけ愛の器、小さいの?!　今がまさにタイミング!!　広げるべきです。

そんな低い愛のレベルで、理想だけをご立派にツラツラ掲げ「いい人いないわ」「うちの彼ってね…」なんて発言をしても、そこから抜け出すことは厳しいんじゃないかしら？

つまりは、愛の出し惜しみはするなってことね！

パートナーのことを褒めて、褒めて、褒め尽くすくらいに感謝と愛を伝える女性は愛され続けて彼の天使になれる。

男性は褒められると快感だから、なんでも叶えてくれる。自分のことを認め、褒めてくれ、才能や実力や行動を信頼されていると実感できると、承認欲求が満たされる。そして、やる気や自信がますますみなぎって、仕事にもよい影響が出るし、愛が循環していきます。互いに満たされた関係って、男女だけに限らず、子育てや教育の場にも通じるし、婚活だけの話じゃない。

天使、ときどき小悪魔な女性こそが、代わりが一切効かない、彼にとってのオンリーワンな存在として絶対的な立場に君臨できるの。

ただし、自分を押し殺してまで、相手に好かれるための努力は絶対にしないでください。

重要なのは、普段から人のいいところを見る習慣をつけることですよ〜！

無敵の婚活女の掟54

褒め上手は愛され上手♡ 同じことを何回言われても、男性は嬉しい。
ただし、切り口やボキャブラリーは変えるべし！
アゲマン妻は、彼をやる気にさせるのが上手いのです！

リアクションに遠慮は要らない

リアクション女王は愛され上手。それは、彼を満たし、彼に愛を与えるからです。男性は自分の話を「面白い！」「すごい！」と思ってもらいたい。それが多くの女性は、彼の意気揚々とした会話に、「はぁ」「へぇ」「ほぉ」とか…まぁ雑なんですよ！

あざとい女子や肉食女子は、「嬉しい！」「さすがです！」「初めてです！」「すごいです」「知らなかったです！」「信じられない♡」「最高に幸せです！」と目をキラキラ輝かせ満面の笑みで感動を伝えます！ 彼女らにとっては、ごく普通のことなのです。

リアクションは、自己表現。コミュニケーションの要だということをお忘れなく！

無敵の婚活女の掟55

会話の単なる受け答えではなく、相手にわかりやすく感動を伝えること！彼のボルテージを上げられるかどうかは、女性のリアクション次第！

Chapter 05 KNOW

年収1000万以上の男性を知る

Know the man who earn over a thousand yen a year

彼はエグゼクティブ

結婚したい相手の条件に経済力をあげる女性は多いです。願わくは、ディズニーのプリンセスやプリティウーマンのように、玉の輿に乗りたいと思っていないかしら？

婚活市場においてみんなが注目するのはやっぱり経済力。職業や年収が高いとそれだけでその男性は人気も競争率も高くなり、魅力的にうつります。

「どこに行けばお金持ちの男性に出会えますか？」という質問をよくいただくのですが、男性タイプ別の住んでいるところや、彼らが婚活を意識して行動に起こしたときに活用するツールなどを参考にして行動に移し、出会ったとしても、あなたの受け皿が整っていなければ、その王子の存在に気づくこともなく、通りすがりの人になってしまう。

たとえ運良く知り合えたとしても、飲食店で相席になるくらいの一瞬の関係性しか築くことはできません。

私が主宰する「エグゼクティブ婚を叶える♡ヴィーナス婚活塾」のエグゼクティブとは、ハイスペックの男性や収入が高い男性を指しているのではなく、広い意味での豊かな男性を指しています。

つまり、真のエグゼクティブとは、地位や年収ではなく、あなたが本当に望む理想を兼ね備えていて、あなたが一番あなたらしく輝き、フィットする男性のことです。

経済力が高い人と結婚をすれば、周りからの羨望や見栄や体裁を保つことはできるかもしれないけれど、その男性に対して自分を偽ったり、無理や我慢をし続けたりするなら、それは幸せとはいえません。

人生が掛け算で上昇していくような、一緒にいたいと思える男性こそが、あなたにとってのエグゼクティブ！

ですが、そうは言っても、「お金持ちの男性がいい！」と願う女性が多いのも事実なので、相手を知り、攻略するためにも見ていきましょう！

お金持ちのタイプは簡単に分けて3種類います。

自分で稼ぎ出すタイプと、親から受け継いだ財産がある資産家タイプ。そして、この2

つのミックスです。

持って生まれたものや過去とは関係なく、自ら稼ぐ力を持っている男性は魅力的。稼ぐ力とは、言いかえれば強い生命力や精神力のこと。

代々受け継がれてきたものを食いつぶしてしまうお坊っちゃまは、ワガママな可能性も大。

世の中には稼げるタイプと稼げないタイプがいるので、それを見極める眼を持っていることが絶対に大事ね。

無敵の婚活女の掟56

真のエグゼクティブとは何かを知っていること！

スペックや条件より、本質を見抜く力がないと、あとで痛い目にあうからね♡

お金持ちの男性に共通する興味やこだわり

◎お金・仕事・投資

仕事にいい影響を与える女性を選ぶ傾向がある。恋愛より仕事に没頭することもしばしばで、**自立をしていない依存する女性は論外。**趣味を仕事にしている。なぜなら、アイディアは遊ぶことで生まれるので、生活のすべてを仕事に活かす生き方を実践しているから。

◎健康と運動と食

健康によい食事と睡眠を大切にしている。

化学的に作られた栄養がないものより、**旬のものを使った栄養価が高い食事を好む。**また、ストイックに体と精神を鍛えている人は、定期的な筋トレや運動を自分に課して限界に挑んでいる。**運動をルーティン化することで、仕事も人生も充実度を上げているのです。**

◎見た目

見た目の重要性は、他人からの扱いや、仕事にも直結します。人と接するビジネスや人前に出る機会が多い方のなかには、パーソナルスタイリストをつけている方も。おしゃれのためというより、ブランディングの一環。

仕事ができる人は、とりわけ靴にこだわっていて、スーツとのバランスが取れている。プロのホテルマンが服や持ち物ではなく足元を見るという話は有名だけれど、ホテルに限った話ではないのです。サラリーマンでも出世する男性は、毎日、しっかり靴のお手入れをしている。そこから日々の生活や性格も見えてしまうものなのです。

◎感謝と謙虚さ

実るほど頭を垂れる稲穂かなということわざがあるように、人間も学問や徳が深まるにつれ謙虚になるものです。小さい人間ほど尊大に振るまうものです。

弱い立場の人やショップの店員さんなど、第三者への態度が横柄で乱暴であれば要注意。あなたへの気持ちが薄れたら、あなたにも同じように冷酷な扱いをするかもしれません。

自分に自信がある人は、自分を大きく見せたり、威嚇したり、無駄に吠えたりはしません。今の幸せは人様のおかげという感謝の気持ちで人に接することができるのです。

◎環境

環境が人を作ります。だから、自分のエネルギーを高める場所に身を置いている。お金持ちはお金持ちエリアに集まっていることが多いため、引っ越すことも躊躇しません。思いを叶えるためには、無謀とも思えるようなリスクも積極的に取りにいく。過去を切り捨て、すべてを一新し、人生を再スタートさせることも軽々とやってのけます。

無敵の婚活女の掟57

日々の生活や心の在り方が豊かだと、余裕が生まれる。その余裕は自分の器を広げ、チャンスやミラクルを引き寄せ、さらなる豊かさをもたらしてくれる!

デート時のお会計問題

「彼がデートのときに奢ってくれません。これは脈なしでしょうか」と嘆く女性は、案外多いです。

男性は、好きな女性にはいい格好をしたいからご馳走をする。これが普通と思っていれば、そう思ってしまうかもしれません。

でも、ここで私が伝えたいことは、誰がいくら払うかでその恋の可能性を計るなんてことはもうやめましょう！ということです。はっきり言って陳腐です。滑稽です！

デートでのお会計時に「全額ご馳走してくれたから100％脈あり」ではないし、「割り勘だから、脈なし」ということではないのです。

ヴィーナス婚活塾の塾生が、初デートで前払い制のカフェに行き、お相手が400円のお茶代を払ってくれなくて、ガッカリされていました。

「私は400円を奢ってもらえない程度の女なのでしょうか?」と彼女はとても気にしていたけれど、声を大にして言おう。

「そうじゃないんだよ!」

それは、自分に好意があるのなら、奢ってくれて当然だ、という傲慢な考えです。

そして、自分の期待通りではなかったから、相手のことをマイナスに捉え、400円を払ってくれないくらい財布の紐が固い人と思ったり、今後のデートは毎回割り勘かな?と思ったりもしているのです。

もし、私だったら、一緒にお茶をした男性が400円を払わなくても、0.001ミリもガッカリすることはないですね。男性がご馳走してくれるかどうかを判断材料にして自分の価値を決めないし、そもそも、そこに期待をしていない。

ご馳走してくれるかなんて、どっちでもいい。

「払いたい人は、いくらでも気持ちよく払ってね♥」ってだけです。

仮に私がお相手男性だとして、自分に400円払ってくれない男だとマイナスの烙印が押され、彼女がそのことを〝ガッカリしている〟と知れば、間違いなくこの女性を切ると思いますよ。ＬＩＮＥをブロックして、迷わず「はい、さようなら〜〜」ですね。「俺に何を求めているわけ？？」ですよ。

お・か・ね・ですかね？

毎度、お金を期待されちゃっても、ほんと困ります〜〜！

デートのお会計時や、コンビニでの支払いでも、男性側が女性に少しの金額を請求したのに、そんな少ない金額を請求するんだと驚く女性に対し、男性はその驚く女性を見て、少ない金額すらも出すことにガッカリしていることに驚くのです。

ちなみにこの４００円のお会計問題で悩まれていた方も、マインドチェンジをし、この彼とは別の方とスピード婚をし、とても幸せな結婚生活を送られています。

無敵の婚活女の掟58

最初からお会計で期待をしない！　出会って間もない他人ですから！

彼の金銭感覚を知る

稼いでいる男性の動物的勘や鋭い洞察力を侮ることなかれ。見抜かれていますからね！

毎回デートで彼がご馳走してくれるからと言って、それを当たり前に思っていると、お財布を出すことすらもしなくなりませんか？

「ご馳走様」「ありがとう」って言葉を相手に伝えていても、本当の意味で感謝していないから、それを表す行動に出ないのです。非常に残念なことです。

男性側も自分が払う払わないはどうでもよくて、見ているのは、その女性のちょっとした心遣い。

経済的に自立をしていても、相手がご馳走してくれるかどうかで自分の価値を決めるのは、自分の足で立っていないからです。

お金を払うことは、エネルギーを回すことだし、スペースが空くからまた入ってくることなのに、せこい思いがあるからこじらせるんです！

これぞ、まさに自分から何も与えていない状態の「クレクレ星人」ね。

お支払いをするときに、

「あぁ〜彼払ってくれなかったんだ…残念…」

っていう思いでエネルギーを回していると豊かにはなれません。

「ありがとう〜このお金と対価に◯◯を得られて、ありがたいなぁ」

「お金さん、楽しく遊んでおいでね〜、またお友達連れて遊びに来てね〜」

って気持ちよく送り出すことで、豊かになるの。


そして、100円を雑に扱うと、その親の500円に、1000円に、10000円にも「私の子どもを馬鹿にするな！」と怒られますよ!!

お金を停滞させる（閉じ込める）と、豊かにはなれませんからね!!

また、デート時のお会計で、彼の価値観や理想の夫婦像を垣間見ることができます。

彼が毎回、全額出してくれるタイプなら、結婚生活は「男性が養うもの」「専業主婦でも大丈夫」ということでしょうし、割り勘タイプなら、合理主義で「夫婦それぞれ働いたお金は各自のもの」「専業主婦より、女性にも仕事をしてほしい。そして、お金を家庭に入れてほしい」と思っています。

女性側が多く支払ったり、全額ご馳走する場合は、彼は「ヒモ男」に抵抗がないのです。

また、専業主夫もありと思っているのです。

どれがいい、どれがダメという話ではなく、いろんな価値観があって当然で、ただ彼はそういう価値観を持っているということがわかるのです。

奢られて当然という態度は、いい女を勘違いしていて、感謝と謙虚さを欠いているから、やめたいもの。

でも、かと言って、積極的に自分からはお会計をしないのが正解。男性の中には、お金を喜んで払いたいという人もいるのです。

彼の活躍の場をしゃしゃり出て奪わないこと。お支払いをするとしても、レジ前でごちゃごちゃ言わない。

なぜなら、男性はプライドの生き物。レジの人の目や他のお客さんの目を気にする人もいるのです。男性にお支払いを尋ねるときは、スマートに。お店を出た後のタイミングで。彼の立場に立って聞いてみるのも一つですね！

お金は生活と直結しています。結婚前にしっかりと話をして、価値観を共有することは重要です。後々、こんなはずじゃなかったという後悔を生まないためにも、大事なことから目を背けないことです！

無敵の婚活女の掟59

お会計時に見るべきことは、彼が自分に好意があるかではなく、彼が望む結婚後の夫婦スタイル！

LINEで恋愛を思い通りに動かす

LINEやメールは、自分から送る愛のギフト。だから、発信は、いつだって愛情ベースでありたい。

LINEやメールで難なく愛のキャッチボールができればいいけれど、LINEの内容や返信速度、既読スルーに悩む方も少なくはない。

恋愛速度を速めたり、成就率をアップさせるのに使いこなさない手はないでしょう！

女性にありがちな思い込みですが、長いメールこそ丁寧で誠実だと思ってはいませんか？　実は男性はそうは思っていないのです。女性は、好きの気持ちが大きいと、自分のことをわかってほしい、また、相手をわかりたいと気持ちから、ついつい文章が長くなってしまいがち。それが、愛情だと思って。

でも、女性側の気持ちとは反対に、忙しい男性は、長い文章を読むだけで疲れてしまうことがあるのです。

彼からの返信に悩んでいた塾生のＬＩＮＥのやり取りを見せてもらったら、彼の言葉の吹き出しの5倍くらいの熱量で書かれていたことがありました。

一生懸命に考えて書かれた内容なのは伝わってくるけれど、もらったほうは、ちょっと重い。だから、彼と同じくらいにフランクでシンプルにするよう、文章量も同じくらいにしてもらったら、その後は順調に進み、デートに誘われるようになりました。

長い文章は、同じような分量で返さないといけないという「返報性の原理」が働き、心理的負担になることも。そして、それができないと彼の自己肯定感を下げてしまい、結果的にあなたの印象が悪くなり、面倒だなと思われてしまうのです。彼の負担になるようでは、その恋は発展しないのが現実。

また、**「それで、何が言いたいの？」という一方的なメールもよろしくありません。**

報告のみのメールも、男性にとってはいい迷惑。

・今日は仕事がすごく忙しかったの。残業が長引くと流石に疲れちゃう…

↓「大変だったね」「頑張っているね」と言われたい。

・今日の晩御飯はカレーだったよ。頑張って、作ってみたの！
→「今度、食べさせてね」と言われたい。料理することをアピールしたい。
・今日の夢に○○が出てきてね…
→夢に出てくるほどの潜在的なつながりをアピールしたい。

一方的に送るLINEでも、このような返信を期待していませんか？

1通のLINE（メール）が長くなってしまうと、相手の時間を奪うことになるので、聞いてほしいことがあるなら、「ちょっと長くなるけれど、聞いてほしいの」と前置きを入れる。

「それで、結局、何が言いたいの？」と相手に思わせてしまうような自己満足的な文章は今すぐやめましょう！


男性はメールで関係を深めようと思わない。男女の違いを理解して、短く・軽く・シンプルにわかりやすく♪が愛されるオンナになる鉄則。返信内容が短くても気にする必要はありません！既読は、了解ってことなのですから♡

自分から送りたいなら、積極的に送る。ただし、その内容が相手に配慮できる優しさと余裕を兼ね備えている場合のみ。

連絡先を交換しても、全員とやり取りが続くことなんて、はっきり言ってありません！どんどん数は減り、淘汰されていくもの。

だから、連絡が途絶えても、たった1人の運命の彼と出会うために起きているレッスンだと受け止め、前を向く。

メールが来ないだけで、自己否定している時間は一切ないのです。その時間を他の方に1通、お誘いメールをするくらいの心意気でいましょう！

無敵の婚活女の掟60

相手の負担や邪魔にならないよう、送りたいときに軽く送る♪
ほしい返信を期待して、私の気持ちをわかって！と押し付けても男性は察しない！
不安があるなら、LINEではなく会ったときに会話をするの！

質問力こそが、会話力である

2人の関係を深めていくには、お互いを知ることに尽きる。
そのために重要なのは会話です。
コミュニケーションにおける要は、相手に質問をし、相手のことを知っていくこと。

いきなり、彼に直球で質問を投げるより、先に自分の情報を出し、「私はこう思う」「私はこんな人物である」と自己開示をしてから相手に聞くことで、相手も心を開き、話しやすくなります。まずは自分の情報を出してみて。
出会って間もない頃であれば、彼の喜ぶツボを探るために、いろんなテーマを楽しく投げかけてみる♡
相手の目の輝きや、表情、声のトーン、スピードなどを見ていれば、彼の興味があることや、話したいことが何となくでもわかるはず。
そこを見逃さずに、掘ってみる。

会話の展開は5W1Hを駆使して、「何？」「いつ？」「どこで？」「誰が？」「なぜ？」「どのようにして」と話を展開し、広げて、相手に話をさせてあげるの。自分が喋れば喋るほど、脳はその相手に心を開いていると思うから、喋らせ上手は相手との距離を近づけるの。

彼に質問をすることは、「私はあなたに興味がありますよ」という一つのアプローチ。それをしないで、彼に会話を丸投げするのはいい女とはいえません！

無敵の婚活女の掟61

彼に質問をするときは、自分の情報を先に出すべし！
会話をすべて相手任せにして、後々文句を垂れるなんて、自分の責任を認識していないってことだわ！

彼らが愛する女性の共通点

エグゼクティブでハイスペックな男性と結婚したいなら、自分自身が稼ぐチカラを身につけるのが、一番早くて賢い。

お金を生み出し、受け取れるキャパ（器）があるってことは、エネルギーレベルでの釣り合いも近く、会話もどちらかが一方に合わせて気を使ってするのではなくても成り立つから、心地よい状態なのですよ。

セレブ妻になりたい。専業主婦になりたい。結婚して、家庭で家事だけしていたい。

こう思うのもOK！　男性の中には、専業主婦でいてほしいって方もいます。

そういう人の稼ぎはハンパなくて、家事レベルもそれ相応求められます。

外注させてくれる人もいるでしょうけど。

でも、ほとんどの男性は、そうじゃなくて、女性側の楽をしたい下心や、贅沢したい願望が見えてしまうと、「彼女は俺のお金が目的なのかな？」とか「もし、俺の経済力がなかったら、どうなんだろう？」とか思うわけであって。

仕事ができて、稼ぐ男性は特に、自分と同じように仕事に対しても一生懸命で自立している女性が魅力的に映るものです。

女性側がしっかり経済的に自立していて、仮に年収が８００万あったとしましょう。その女性が「男性に望む年収は８００万かな」と言っても、無謀でも高望みでもありません。

「私はこんな人がいい」ってオーダーを出すのはいいけれど、そのオーダーを出した男性と釣り合う女性になることが大事なのです。

自ら変わることをせず（努力もせず）に素敵な結果だけがほしいというのは、「私は、若くもないし、外見も衰えてきているし、仕事もつまらなくて我慢してやっているから、さっさとお金持ちの男性と結婚をして、家事も仕事もしない生活を送りたいんです～～もちろん、優しくて私のことも愛してくれて、浮気もせず…（続く）」って言ってるようなもの。

例えば、あなたが読書家で知的な男性を求めているなら、自分も会話ができるだけの器があるかどうか、なんですね。一緒にいて、お互い学んだり得ることがあるかどうか。

リアルな話、対価交換が成り立たないと付き合えないし、続かないでしょ。

ビジネスに限らず、自分の魅力を高める姿に魅かれる人は多いです。このときに放つ波動はキラキラ輝いていますからね。


そりゃあ、エグゼクティブ男性こそ、将来をともに過ごす女性は一緒に成長していける人を選ぶよね!!

無敵の婚活女の掟 62

経済的、精神的に自立しているいい女であること！

成長し続ける女性であるために、趣味でも特技でもなんでもいいので、あなたが好きで努力していることを継続すべし！

忙しい男性と会えない不安

忙しい彼に、自分のための時間を作ってもらうなんて、「悪い」「申し訳ない」って思っていませんか？「会いたい」というシンプルな言葉が言えずに、一人悶々としていませんか？自分の存在が彼の負担だと思っていませんか？

それらは、セルフイメージの低さが関係しているの。

愛されている自信があれば、物わかりのいいイイ女を演じる必要はない！

私のような幸せなオンナは、自分のことを世界で唯一の幻の美味しさといわれているチョコレートだと思っているので、「忙しいときほど、ますます彼は私に会いたくなるだろう」（だって、私は彼にとってチョコレートだから）と思うのですよ～

会いたいければ会いたいと言えるし、彼が疲れているなら私が癒してあげることもできる、とプラス転換されているのです（事実、そうだしね）。

彼からの「俺、今忙しい」返信に「ガーン」となったり、「暗に私に会いたくないことを匂わせているのかな…」などと深読みしたネガティブループに入ることはないのです。なぜならI am chocolateだから。スイート、ビター時々ブラックと、種類は豊富。チョコレートで、ほっと一息つきませんか？

ワーカホリックな彼も彼女に会いたいと思っていれば、時間は作るもの。
彼女との時間で彼自身のエネルギーも高くなれば、仕事の質の向上にもつながります。
「こんなことを言ったらどう思われるのかな？」とマイナスに考える癖は変えましょう。

彼にとってのベストな答えを予測して言うことが正解じゃなくて、自分の感情や意見や価値観を伝えることが正しいこと。そこから逃げていてはダメ！我慢なんていらないの！

無敵の婚活女の掟63

会いたいを我慢しない♡
彼の負担になるのではなく、彼の癒しであるというセルフイメージを持つ♡

キラーフレーズを投げてみる

美人が「美人ですね」と言われても、全然響かないように、男性にもそれが存在する。スポーツ好きな人に「運動神経いいんですね」、学歴が高い人に「頭いいんですね」のように、**まるで用意された決まり切ったセリフなんて、何回も言われていて、特段記憶に残らない。**

だから、**相手の意表をつくようなパスをあえて投げてみる♡**

周りから、しっかりしているように見えている人なら、「抜けたところもあるでしょ」とか、逆のことを言われたほうが、ドキッとするものです。

モテている人気メンズには、媚びを売ったり、ぶりっ子アピールやチヤホヤしない。

地位が高い人に周りが丁寧語で話しているなか、ニックネームをつけて呼んでみたり、時にはタメ口も織りまぜながら、会話を繰り広げてみる。

頭がハゲている人には、「男性ホルモン強い人好き」と言ってみたり、ハゲた部分を手でナデナデして、「手触り最高～♡」とか、踏み込んでみるのもあり♡

そうやって、彼らが普段言われていないことや、対応されていないことをすると、一瞬で心の中に入っていくことができ、二人の距離は近くなるのです。

ただ、ここで気をつけたいのは、相手が言われて嬉しいかどうか。パーソナリティーを見極めて！相手をイジる際は、嫌がらせではなく、愛情ベースです。

彼が気にしていること、落ち込んでいることを褒める行動もサプライズ。想定していなかったことが起きると、人は心をつかまれるのです。

無敵の婚活女の掟 64

意表をついた予想外のサプライズで、一気に距離を縮める♡
いい子から脱却して、仕掛けることを厭わない！
ただし、しっかりと相手を見極めたうえでね♡

キングオブクズに騙されない

自分に自信がなく、結婚に焦りや不安を感じていると、スペックに翻弄されて痛い目にあうことも絶対にないとは言えません。世の中には、女性の純真な結婚願望を悪用するクズもいるのです。真剣に婚活をしているときは、要注意です！

結婚詐欺にあって、奪われ、傷つくのは時間と心だけではありません。お金や財産も奪われたら、一時的に生きる気力を失ってしまうかもしれません。

そうならないためにも、見る目を養う以上に、直感を見逃さないこと。

直感を信じられる人は、自分を信頼しています。

彼と会って話しているときに感じた違和感を、気のせいと片付けずに確認を取ること。

変な男に引っかかる、痛い目にあうのは、誰のせいでもない、自己責任なのです。

また、相手が既婚者か疑わしい場合は、しっかりと確認をすること。別居中だと言われても信用しないこと。**見るべきは、言葉ではなく、真実。**

家に行って、家族の形跡を確認しても、単身赴任やセカンドハウスということも考えられます。会うのは平日だけで、週末会えない。一定の時間はＬＩＮＥが既読にもならない。これは、もしかして…と思ったら、場合によっては、戸籍謄本を見せてもらうなど、彼にも誠意ある努力をしてもらいましょう。

万が一、彼の奥様に訴えられたら、あなたは慰謝料を払わなければいけませんし、心だけでなく、時間もお金も失うことになります。

恋は盲目というけれど、盲目になるべきは、自分の夢や未来にです！

無敵の婚活女の掟65

自分の直感や第六感で怪しいと感じたら、それを無視せず、検証せよ！検証結果によっては、潔く別れて、次にＧＯ!! いつか笑い話になるわ！

Chapter

06

BE QUEEN

天使、時々小悪魔な
崇拝される女になる

Be an angel but sometimes a little devil and become worshiped woman

時に、ドッグトレーナーになる

こんなことを言ってはなんだけど、男性は永遠に少年。

自分よりずっと年齢が上の人も、社会的地位が高い人も、なんでも知っていそうな物知りなおじいちゃんも、男性は基本、ずっと小学6年生なの。

「男性を見る目がないんです」というお悩みを受けることがありますが、

「オトコを見る目がない」イコール「彼は彼女にとってイイオトコではない」ということ。

その彼女にとっては、その男性はダメな人かもしれないが、他の女性からするとめちゃくちゃ素晴らしい男性なのかもしれない。だから、オトコを見る目がないのではない。彼女が彼のよさを見つけていない、引き出していない、短所を助長させていたりするのである。

私ね、思うんですよ。

よくも悪くも男性って女性次第でどうにでも変われる。

イイオトコではないのって、彼女がちゃんとコントロールできていないってこと。

〝イイオトコ〟の定義は人それぞれだと思うけど、世のほとんどの男性イイオトコだと思う。私が言うところの〝ワルイオトコ〟って犯罪レベルね。

女性は男性に悟られないようにうまく、教育、躾、コントロールしなくちゃ。

名付けてドッグトレーナー方式がオススメ！

オトコを犬だと思って（失礼！）、いいことしたら「いい子いい子」、悪いことしたら「ダメ!!」とお仕置きを。

男性って好きな女性が喜ぶ姿が一番嬉しいでしょ。

よいこと、嬉しいことをされたら、めちゃくちゃ喜んで、彼の脳内に記憶させてあげるのです。そして反対に、悪いことをしたら、その男性に適した一番こたえる方法で躾をしていくの。

直視したくない悪い現実の原因は、彼ではなくて、私。

ベクトルは他者ではなくて、自分に向けてみてね。
いいことをして、喜びや感動の感情をちゃんと伝えていると、素直に次からは、それを率先して、やってくれるから♡
ポイントは、してくれたその場、その瞬間に褒めること。

男性は、私たち女性が思っているより単純なのです。
最初から、完璧に仕上がっている人なんて、いません!
婚活という船に乗って大きな魚を釣っても、美味しく食べるには調理が必要なのです。
だから、2人のハッピーな未来に投資するつもりでいましょう。

無敵の婚活女の掟66

愛を受けたら、瞬時に感謝や褒めができるスピード感をもて!!
彼を変えたければ、彼に対する自分の行動を変えなさい♡

アゲマン女のサバサバ加減

あなたは彼の活躍するチャンスを奪っていませんか？

彼があなたのためにやってあげたいと思っていることを、自分でやってしまっていないでしょうか？

彼の稼ぎが悪くなったり、彼が自信喪失しているとき、つまり彼がピンチに陥っている場合に、「私が稼ぐから」とか「私の貯金があるから」とか言ってはダメ！

アゲマン女性は、**「稼げないなら、男じゃないわ!!」「そんなのじゃあ、食べていけないわね!!」**と鼓舞させます。**男の本能に火をつけるのです。**

彼に優しくし、耐え、尽くす、健気ないい女を気取るのは、見当違いも甚だしい！

彼の愛を信じているからこそ、彼の可能性を疑わないからこそ、彼に依存していないからこそ言える愛の言葉なのです。

お金がどうこうではなく、根っこは信頼と正直さと愛。
適度に突き放して、そっと見守るのです。

「あなたなら大丈夫」というどっしりとした大地のような懐を感じると、人はのびのび行動できるのです。逆に彼女からの心配を感じたり、過剰な干渉が入ると、うざったく感じて、イヤになるもの。

そうは言っても心配しちゃうというあなた！

あなたが心配したところで、現状は変わるのでしょうか？　変わりません！

自分の可能性を信じてくれて信頼されているときに、人は大きな力を発揮するのですから。

無敵の婚活女の掟67

ライオンが我が子を崖から突き落とすのも愛。
彼を心配するのではなく、彼の可能性と力をあなたが信じて、それを伝えよ！
自分のことを信じてくれる人がいると、眠っていた力が発揮されるのです！

甘えの意味をはき違えない

甘え上手は、恋愛上手というのは、言わずとしれた周知の事実。

甘えることとは、自分の願望を相手に伝えること。

自分の気持ちを言えない人は、甘えることが下手であり、彼を育てることもド下手。

これ、断言できます。

「これを言ってはいけない」という思い込みや「これを言ったら嫌われる」というブロックがあると、我慢と被害妄想に襲われ、完全に恋愛迷子ちゃんになってしまう。**もれなく、ブス化も進行しちゃいます！**

あなたのために何かをしてあげると、彼は嬉しいのです。

でもね、**なかには、甘えの意味を勘違いして、自分の意見を言うことを叶えてくれて当たり前だと思っている人がいます。**

以前、こんな話を聞いたことがあります。

彼がバースデーをお祝いしてくれたのに、プレゼントが気に入らないからといろいろ注文をつけていたら、結果、だんだん音信不通になり、振られた…と。

そりゃ、そうです。誕生日プレゼントをもらって当然だと、気に入らないプレゼントに面倒な注文をつけたのですから。

これはね、甘えでもワガママでも男性へのギフトでも何でもなく、自分の願いをどうにかして叶えたいという押し付け。男性のプライドをへし折る、ただの自己中です。

男性は、デートにしても、行く場所、お店なども自分がチョイスしたら、自分のその選択を褒められたいのです。

「すごいね!」「ここ、初めてなんだ!」「行ってみたかったの!」と言われたいし、評価されたいのです。

ましてや、せっかく選んだ誕生日プレゼントにごちゃごちゃ言われたら、デートで張り切ってお店を予約して、その場で彼女に「このお店なんか苦手だから、変更しよう」と言われる以上に傷つきます。

可愛い甘え上手は、自分のワガママを貫き通すことじゃなく、男性をイイ気持ちにさせて、願いを叶えてあげたいと思わせる。結果、彼の自己肯定感を高め、男性を勝たせてあげるの。

「自分が（彼女の笑顔のために）やったことを彼女がめっちゃ喜ぶ」

すごくシンプルなことで、良好なパートナーシップがとれるのにそれを全くわかっていないと、自分の希望通りじゃないとごちゃごちゃ注文をつけ、男性をイヤな気持ちにさせて、自滅するのです。

自己主張をすることは素敵なこと。

ただし、そこに相手への感謝と愛がしっかりとあればこそです！

無敵の婚活女の掟68

親しき仲にも礼儀を忘れない！
調子に乗った甘えは、全然可愛いくないから、目を覚ましなさい！
嫌われる前に、自分を省みる謙虚さを持つべし♡

イヤな質問に答える義務はない

真面目でイイ子ほど、質問をされたら、しっかりと答えないといけないと思っている。
でも、答えたくなかったら、華麗にスルーする図太さを身につけよう。

どうでもいい下ネタや過去の経験談など、無神経な質問や、踏み込んでほしくない部分に土足で入ってきたら、サラリと受け流していいんです。

怒ったりせずにね。

「う～ん、なんだろ？　忘れちゃったよ」と忘れたフリをして流してもいいし、「なんでそんな質問するの？」と逆に疑問を投げかけてもいいでしょう。

ただし、質問に答えるときは、嘘は言わないこと。だって、その嘘を真実にするために、嘘を重ねていくことになるし、それは自分を裏切る行為だから。

後々、鋭い彼に追及されて化けの皮が剥がれたら、信頼を失うことになります。答える際は、誠実に！

無敵の婚活女の掟69

会話がイヤだったら、中断してもいい！
無神経で無礼な人は直らないから、相手にするだけ時間もエネルギーも無駄です！

したたかな余裕で惑わす

婚活においては（ビジネスもですが）、自分という世界最高の商品をどのように魅せるかがすごく大事!!

余裕は、美しいミステリアスを生む。

自分という存在が何者で、どんな外見で、どんな性格で、どんな夢を描き、どんな価値観を持っているか…などなど。

大事なことは「相手に想像させてあげること」、これは、相手へのプレゼントなのです。

人を惹きつけるのにミステリアスやギャップが関係していることは、研究でわかっています。相手に想像力を掻き立てさせる存在になることが大切なのです！

人は完成されたものやわかりきったものには、さほど惹かれません。

好意を感じるもののすべてを知らないからこそ、「知りたい」という気持ちが出てきて、それを検証したい、見守りたいと思うのが人間の心理なのね。つかみきれない魅力と神秘的な雰囲気が重なって、男性を翻弄させるのです。

相手のことを全部はわからないし、自分のことも全部わかってもらわなくていいの！

付き合いが長くなると、新鮮さが失われていって、刺激より安定で落ち着くのだけど、そこでも、ミステリアスな部分があると、マンネリにはならないのです。デートで自分のことを小出しにしたり、趣味など、自分の世界を広げていけば、二人の会話の幅も広がり、飽きさせることもないのですから！

無敵の婚活女の掟70

付き合っているから、夫婦だからという関係に甘んじない！
モテる、愛される女はどこかしらミステリアス♡
付き合いが長いときこそ、成長過程を見せ、彼に刺激を与えることで、彼女への愛と尊敬が増し、ミステリアスを生むの！

価値観の相違は、愛の深めどき

二人の中での共通することがあれば、やっぱり、話が合って盛り上がるんですよ。趣味、価値観、環境、家族関係等、どこかに似ているポイントがあれば、男女の関係に進まなくても、自然と仲良くなれるもの。自分の生き方や価値観を話していて、「うん、そうだよね！　めっちゃわかる〜!!」と言われたら、心の距離はぐっと近づくものです。それは、安心感や親近感も与えてくれます。相手との共通点を3つ発見し、言葉にして伝えると、好意を持ってくれるのは意外と簡単です。

でも、最初の出会いの段階で話が盛り上がらないからといって、〝残念だ〟と決めつけるのは、かなりもったいないです。

何から何まで、自分と全く同じ価値観の人なんて、存在しない。一卵性双生児でもそんなのない。育ってきた環境もバックグラウンドも違うわけで、ましてや、男と女。だから、最初から相手に過度な期待をしない。自分の意見を押し付けないことね。自分を守るために期待しないという選択をするのではなく、価値観の違いを、二人が次に進むきっかけになると前向きに受け止めていきたい。

私は、人間関係の醍醐味は感情を共有することだと思っていて、心と心がつながった瞬間の喜びは二人の仲をより強く結んでくれるのです。

無敵の婚活女の掟71

人は3つ共通点があると、一気に親近感が増すもの！
あなたと彼の共通点を書き出してみて♡
彼に共感できるところや似ているところは言葉にして、伝え、彼に意識させる！

ノーを突きつけるときの会話術

相手と自分の意見が違うときは、彼に対して怒ったり、ダメ出しをしたりせず、まず相手の話を聞き、受け入れる。

彼が話すその会話の中で、素敵ポイントを伝えるのです。たとえ、共感するポイントがなくても、「話してくれて、ありがとう」と、相手に「私はあなたの話をちゃんと聞いていますよ」ということを知ってもらうのです。

そして、本題の自分の意見、価値観を伝えます。

「あなたの考えのこの部分、素敵だと思う。私の意見はこうだよ」と伝えましょう。

自分の意見がなかなか言えない人も、この伝え方だとすんなり言えたりします。自分に素直になって、感じていることを相手に伝える。

自分の意見を言えない人は、その原因を突き詰めると、自分に自信がないからです。自信がないのは、自分を無視しているから、自分を裏切っているから、自分を雑に扱っているからなんです！

この自信を奪うループから抜け出すためには、自分の思いを外の世界に出すことです。

自分の意見を言うことは、相手を傷つけることでもないし、自分が嫌われることでもないし、その意見を相手に強制させることでもありません。私はこういう人だと相手に知ってもらうことこそが、コミュニケーションの始まりです。価値観の違いよりも、お互いにちゃんと話し合いができることのほうがずっとずっと大事です。

そして、自分の意見を相手に伝えたうえで、相手への感謝や愛を伝える。自分の意見を、その前後に彼への愛や彼を肯定する言葉でサンドイッチすると、しっかりした意見もハートのクッションで包まれて優しく相手に伝わります。彼も冷静に耳を傾け、二人の寄り添えるポイントを見つけることができるのです。

どちらかが我慢をすることを続けていくと、心の底に潜在化した不平不満がいつか現れ、「価値観が合わない」ということで離れてしまう結果となります。

価値観はみんな同じではないのだから、向き合うことを放棄してはダメなのです。

どんなときも気持ちに濁りを抱えることはしない。

ごまかさず、ブレない自分であること。

相手への気遣いや思いやりを持ち、そのうえで、「いい人」をやめること。

自分を幸せにする強さは、あなたに最高の魅力を与えてくれますよ。

無敵の婚活女の掟72

なぜ、そう思うのか。なぜ、そうしたいのか。

その根っこの部分が彼への愛や二人の未来であることをわかりやすく伝えよ！

ただ「私はこう思う、以上！」と突きつけるのではなく、必ず自分の愛を彼に伝えるべし♡

思わず彼がプロポーズしたくなる秘策

彼からそろそろプロポーズがほしいと思ったら、彼に結婚を意識させることです。

婚活市場においては、ひと昔前と違い、男性が圧倒的に買い手市場で有利な立場です。いくら婚活をしていても、男性は女性ほど本気で前のめりではない場合が多いからです。

特に、社会的地位や経済力があり、仕事もバリバリできる男性は、いくつになっても、モテてしまうので、結婚に対する焦りも全くと言っていいほどありません。


そうなると、ここは女性側から、相手に戦略的に結婚を意識させる必要があります！

結婚を意識させるためには、日頃から、あなたが彼の結婚相手にふさわしい人物だと彼に認識させること。

若いときに恋愛で遊びまくっていた男性が、結婚をすると、まるで人が変わったように真面目になる話なんて、山ほどあります。**男性は恋愛と結婚は別だと考えているのです。**

恋愛相手には、外見やノリのよさ、セクシャリティーなどを重視しても、結婚となると、ときめきの感情よりも、女として、妻として、母としての部分が重要と考え、その視点から女性をプロファイリングしています。

特に仕事ができる男性ほど、その傾向があるということを頭に入れておきましょう。

彼が、どんな結婚観や将来設計を持っているのかを知っておくことは、必須事項。

いきなり本題を突きつけるのではなく、聞きたいことがあるときは自分から先に情報を出すことで、相手の心を開かせる。

どんなに自信満々の彼だとしても、弱くなるときがあります。

一緒に旅行に出かけて不測の事態に巻き込まれたとき、仕事が思うようにいかず弱音をぽろっと吐いたとき、健康に人一倍気を使っていたはずなのに寝込んでしまったとき。

そんな彼のピンチは、あなたにとって最大のチャンス!

弱っているときやマイナスなときに、自分の絶対的味方でいてくれて、助けてくれたり、面倒を見てくれたり、心から信頼してくれる人の存在には本当に心が救われるものです。

それは、普段どんなに頼られるのが好きな男性でもそうなのです。

彼への結婚の最終クロージングは、弱っているときに効果抜群。

結婚願望ゼロを公言している彼だったとしても、自分が心身ともに弱ったときに、甲斐甲斐しく尽くしてくれたり、自分の家庭を守る未来の姿を想像できたりしたら、「生涯独身貫きます」から「彼女となら結婚もいいかもな」って考えが湧き起こる可能性大です。

極論ですが、「寿命があと数年」って診断されたら、子孫を残したいって本能ですぐ結婚するかもしれない。結婚はタイミングってよく言われるけど、タイミングは作るものだと思う。

あなたに完全に陥落させてしまうほどの母性的な魅力をアピールして、「良き妻」「良き母」を想像させることができたら、勝利は目の前ね♡

無敵の婚活女の掟73

彼のピンチを自分のチャンスにして、クロージングをかける！

四六時中、疲れ知らずの自信満々なオトコはいない。疲れたとき、弱ったとき、ぽろっと弱音を吐いたとき、家庭的な温かさや優しさでそっと休ませてあげて♡

逆プロポーズで逆転ホームランを打てる場合

自分からプロポーズしちゃおうかなぁ。そう思う肉食女子もいるでしょう。

それが功を奏するかどうかは、お相手の性格次第。しもべのごとく彼女の言うことをきく草食男子ならきっと喜んで叶えてくれる。でも、逆に肉食男子ならどうでしょう？


人生を自分の手で切り開き、社会で活躍し、大きく稼いでいる彼らが、彼女から迫られたからといって結婚を決意すると思いますか？ 答えはノーです。追いかけられると全速力で逃げ、姿を消しますよ。普段からリーダー気質な男性も同じです。

ほしいものは、簡単に手に入れるのではなく、頑張って手に入れたい。そこに魂の喜びを感じる彼らだからこそ、ビジネスでも様々なチャレンジをした結果の今があるのです。

なので、自分から安売りするのではなく、希少品として気高くいることです。


いくら婚活がマリッジハンティングといっても、なんでもかんでも自分から追いかけて

いては、男性の狩猟本能を奪ってしまいます。

チャンスが目の前にあるのに、指をくわえて見逃すことがいいのではなくて、ヒットを打てるように最適なタイミングを見計らいながら「待つ」こと。追いかけたい本能を刺激するには、**「また会いたい」**と思わせること。

自分から追いかけてしまう人はね、相手に「与えすぎ」なの。

聞かれてもいないのに自分の情報（空いている日時とかね）を教えたり、困っていることに手を差し伸べたり、尽くしたり…。**その根っこにあるのは、自信のなさなのです。**

自信がないと「○○しないと、嫌われてしまう（怒られてしまう）」「彼は素敵な人だから（モテるから）、他の人に取られちゃう」などと、間違った思い込みをしてしまうの。

でも、私の概念では、誰かに取られてしまうことってないんじゃないかな？

無敵の婚活女の掟74

あからさまに結婚を迫らない！迫るのはその男性が草食系の場合のみ。自分で道を開きたい肉食男子には、あなたの希少価値を知ってもらうのが賢明だわ！

あなたの代わりは存在しない

お金だって、素敵な人だって、チャンスだって、海の水をすくってもすくってもなくならないのと同じくらいに無限にある。

「なくなってしまう」という思考だと、人と競争をしたり、批判をして潰そうとしたり、いい情報は独り占めしたりする。例えば「いいオトコは残っていない」「お金持ちはケチで忙しくて家庭的じゃない」とか、これらが口癖の人にはその通りの世界が創られる。

どんなときも行動の起点を探り、「なぜ私はこうしたいのか」に目を向けることが大事で、それをブラックノートにも書いて可視化して、自分を知ること。例えば、「彼にプロポーズしたほうがいいのかな?」って思ったら、なぜそう思ったのかを知る。

不安を曖昧にしたり、取りあえずの行動でごまかさずに自分を見つめること。

そこで彼を追いかけてはダメ。自信のなさや不安な感情から彼を追いかけてしまうと、彼があなたを追いかけることを彼から奪うことになる。

男性はその女性に魅力と希少価値を感じていれば、追いかけてくるもの。そこに彼の闘争心も刺激されれば、意地とプライドにかけても頑張るでしょう？

希少価値とは、唯一無二だということね。あなたの代わりはいないのです。

世界にあなたのコピーは誰一人としていない。

自分らしくわがままにいることや自分を喜ばすことにフォーカスしていけば、自信のなさや自分を制限する思考は消えていくのです。

女性側から、男性にアプローチをすることを否定しているのではなく（むしろしてね！恋は、女性のアプローチがないと始まらないよ！）、あなたの心の根っこが重要なのです！

無敵の婚活女の掟75

焦りから行動をしようとしたら、ブラックノートに自分の思考を整理すべし！
私に必要なものは「いつも、ある」の思考をインストール！
唯一無二の自分という存在を決して軽んじない♡

短期集中で愛されスピード婚

あなたが電撃婚を望んでいるのなら、あなたと同じように、電撃婚を望んでいる人を選びましょう。

要は、最初から結婚に対して前向きで、次に付き合う人と結婚をしたいと思っている真剣度が高い人を選ぶことです。

過去に結婚のタイミングを逃している人は、次のチャンスを逃すまいと、行動も積極的。そして、新たに出会う人よりも、過去何かしらのつながりがある人のほうが、お互いを知るという期間をすっ飛ばすことができるので、話も展開も早くなります。

同級生、職場関係、趣味仲間、思わぬところに宝が眠っているかもしれない。メンズノートがある方は、パラパラとノートをめくってみたり、デートに誘ったり、早速行動してみましょう。

そして、お付き合いのスタート時に、あらかじめ、結婚願望やプランなどを伝えておき、それに顔をしかめる人は、さっと、ふるいにかける。最初から、そんな方にはいなくなってもらいましょう！

仲はすごくいいのに彼が足踏みをしているのなら、彼が結婚に感じる不安、不満、デメリットを片っ端から潰していき、草食男子な彼なら「プロポーズしてくれたら、私、OKしちゃうよ？」と、事前に「私はあなたのプロポーズを受け入れますよ」という安心を与えてもいいでしょう。

1にも2もあなたが準備できていないと、ブレーキを踏んでいる状態ですからね！

無敵の婚活女の掟76

すぐにでも結婚したいなら、相手も同じくらい熱量がある人を選び、早々に自分のプランを伝えるべし！ 結婚したい彼がいるなら、彼に迫らず、重くならずに、「あなたと結婚できたら幸せ」ということを伝えることね♡

NYスタイルの恋愛で婚活スパンを早める

ニューヨークスタイルの恋愛は大歓迎。ニューヨークスタイルの恋愛とは、何人も彼がいる状態のことを私が勝手に命名したのですが、別に結婚していないのだから、彼が何人いても、そこは自由だと思うの。

恋愛なら1対1のお付き合いだけど、「もう今年結婚するって決めちゃってます」の人なら、悠長に呑気に一人の彼だけに焦点を絞っていては、時間がもったいない。

彼との結婚に向けて具体的な動きがあるなら、まだしも!!!

それ以外なら、ろ・ん・が・い！

一人や二人、三人と併行して進めていくべき。

「彼に悪いな…」もわかるけど、自分の本当の気持ちは、「結婚したい」ですよね？

「いつか彼からプロポーズされると思うから、それまで待ちます」ですって?!

そんな悠長なこと言ってる暇があったら、さっさと次の一手をバシッと賢く打つべき！

自分の気持ちがわからないって人は、自分と向き合っていないだけ。自分と向き合っていれば彼より自分のほうが大切だとわかるから、賢く楽しく婚活を進めていき、結果、自分の夢を叶えられるの。

いつか彼氏ができる。いつかプロポーズされる。いつか結婚できる。そんな、「い・つ・か」は幻想ですからね!!

いいですか？ 罪悪感を持つ相手は彼にではなく、今までおざなりにしていた自分に。彼に悪いじゃなく、自分に対して悪いんです!! 失礼なんです！

ただし、彼らにバカ正直にそれを言うことも、悟られることもあってはなりませんよ。

無敵の婚活女の掟77

メンズをプロ野球のように、スタメン、1軍、2軍、3軍とふるい分けて！
スタメン3~5人の中から最終ジャッジをくだせばいいのよ♡
あなたが監督なのだから♡

複数恋愛をしたほうがいい理由

ニューヨークスタイルの婚活をしたほうがいい理由は、限りある時間を効率的に使うため。そして、気持ちを一点集中させず分散させることで、余裕が生まれることです。

一人の人と3年付き合って結婚しなかったら、あなたは、また一から婚活戦線に繰り出すことになるのですよ。

その間に併行してメンズとデートをしたり、婚活をしていれば、3年の間に他の方と結婚をしていることも十分にあります。一人に執着をしていると、漬物石のように重〜い女になったり、ヒステリックに気持ちをぶつけたり、いずれも男性に最も嫌われるパターンに陥り、波動も下がり、確実にブスになります。

恋愛よりも趣味や仕事に気持ちを分散させることで一点集中を防ぐというまっとうな意見もありますが、本気で結婚の期限を決めて婚活に臨んでいれば、趣味や仕事より、マリッジハンティングが優先になりませんか？

アメリカでは複数で進める恋愛が主流です。私が推奨しているニューヨークスタイルの恋愛は最先端を走っています。日本はアメリカからだいたい10年は遅れている。世の大多数は流行ってから認めて受け入れるから、今は周りから「それって二股三股？不誠実ね」と言われちゃうかもしれない。

パリの結婚スタイルなら、籍を入れない事実婚があったりするわけで、狭い日本の枠に自分を閉じ込めなくても、いいでしょう！

世の中の常識に縛られたり、大多数に巻かれる必要はなし！

周りの声より、自分の心の声に耳を傾け、夢を叶えるために最速・最短距離でどう走るかのほうが大事。世間の思い込みなど、思いっきり叩き壊してしまえばいい。

結婚するまで、いろんな男性を同時に見ることの何が悪いの？

時間の価値がわかっているからこそ、自分を大切にしているからこその行動であって、彼らに対しても誠実に向き合って愛を与えているのだから、むしろ彼らを幸せにしているのです。一人に執着した結末が吉と出るか凶と出るかは人それぞれだけど、一人に全エネルギーを注がないので、気持ちに余裕が生まれるの。一人に集中しない軽やかな愛のエネルギーだから、彼らに物足りないって思わせることもできるのです。

最初の段階で自分の結婚願望を伝えておけば、後々他のメンズ達とお別れすることになって責められることもありません。「私、今年中に結婚したいって言っていたよね？ でも、あなたはそれに向けた行動をしてくれなかったじゃない？」って言えばいいのです。すぐに相手を理解するのはむずかしいのです。じっくりと相手を見極めながら、婚活を楽しく進めていきましょう！

無敵の婚活女の掟78

重い気持ちを彼に一点集中させない！
彼への罪悪感より自分の欲望に忠実に生きるべし！
あなたの本来の願いは何かをもう一度思い出して！

私が主役の人生の進め方

どんな私でも、最低な私でも、こんな私こそが、最高！

完璧じゃない私こそが、すでに最高なんですよ！

どんな自分でもOK！

丸ごとLOVEで包み込んであげると、絶対にそれが外の世界に現れます。

それは、自分にとって最高のパートナーとの巡り合いであったり、愛する彼からさらに愛され続けることだったり…。


「私、嫌われてもいいの！」と、自分を大切にして自分への愛を貫くことが、自分スタイルを確立させ、自分ブランドを創り上げるの！


本当の意味で自立している女は、いい男と対等に付き合えるし、魅力であふれてる。

自分を自分で幸せにする人は、何より愛がある。

他人に嫌われるより自分に嫌われることのほうが恐ろしい！

私は自分の内側にある欲求や願望に忠実なだけ。言いたいことがあれば言うし、食べたいものがあれば食べるし、自分を甘やかすとは違う、心の声を大切にしています。

そう言うと、自己中とか、ワガママとか、短絡的に結びつけられがちだけど、相手に迷惑をかけず、お互いの理解と納得があれば、ワガママも恋愛のスパイスになって可愛いもの。

自分を犠牲にしてまで誰かのために何かをするほど人間できてないし、決してそれはマイスタイルではない。

だから、彼に合わせすぎる女性を見ると、その恋愛ってどうなのって思ってしまう!!

彼に嫌われたくないっていう不安やおそれや自信のなさが根底にあって、それらを払拭するために出ている行動なのね。

いつまでも本当の自分を出せない恋愛を続けていくと、心が疲弊し、他人に人生を預けるようなものになってしまう。

精神的に自立をしていない女性は、男性にナメられ、惚れた弱みにつけこまれ、お金を出させられたり、最悪の結末、結婚サギに合う可能性もなくはない。

幸せはいつだって自分の内側にあるの。自分で自分を満たすことなく、外側にそれらを求めてみたところで本当の幸せはそこにはない。スペック、家柄、学歴、職業、それらは結果であり、おまけなんです。

これから死ぬまで一生、自分とは離れることはできないの。だから、自分の手でもっともっと幸せにしてあげよう。

幸せに満ちたあなたと同じくらいのエネルギーと愛情がある男性があなたのすべてに魅了されて隣にいる日も、きっとそう遠くないに違いない。

無敵の婚活女の掟79

彼を探すより先に、彼を見つめるより先に、彼を優先するより先に、あなたはあなたの個性を生かして魂を輝かせることに集中すること！

それがヴィーナスの絶対的鉄則なの！

エピローグ

最後までお読みいただき、ありがとうございます。

婚活は、がむしゃらに男性とデートをすることではなく、自分と本気のパートナーシップをとることです。

自分を愛することや信頼することで喜びや感動を味わい、五感も心も満たされるのです。本来の輝きを取り戻すことができる婚活とは、魂が輝く「魂活」。

その結果、信じられない奇跡が起きたり、強運力が発揮されるのです。いわゆる見えない力が働き、次元上昇し、夢を叶えていけるのです。

常識は過去。時代は進化し、新しい価値観が生まれています。

女性の晩婚化や高齢出産も昔と比較しての話であり、結婚適齢期も結婚生活も人それぞれです。

彼氏がいるから幸せ。結婚しているから幸せ。このように、外側に自分の幸せを置いてしまうことほど、寂しいことはありません。

この考えだと、結婚さえすれば幸せになると思い、現実から逃げるための婚活をすることでしょう。

そして、苦しい婚活から生まれるのは、疲れや諦め。行き着く先は妥協です。

幸せになるために生まれてきたのに、自分が幸せでない生き方や恋をしてはダメ。

幸せを他の誰かと比べる必要はありません。

なぜなら、あなたは唯一無二の光の存在ですからね。

自分が何者で、何に幸せを感じ、どんな未来を歩みたいのか。

「やりたいことは全部やっていい」

「欲しいものも全部手に入れていい」

制限も思い込みも取っ払うと、女として生まれた喜びを全部味わいたいというワクワクした感情がきっとが出てくるでしょう。

夢に前例がないなら作ってしまえばいいし、壁があるならぶち壊せばいい。失敗したって、死にはしないし、転んだら何かを掴んで立ち上がればいい。

たとえ、今が絶望で、深い悲しみに包まれていても、他人から否定されたとしても、決して、自分の夢や幸せを諦めないでください。

あなたは生まれてきた時点で、すでに強運であり、いつでも本来の輝きを取り戻すことができるのですから。

そのことを決して忘れないでください。そして、今すぐ幸せになる許可を出すのです！

唯一無二の私を自覚しているあなたは、間違いなく世界から愛されます。

一緒に無敵のヴィーナスになり、最高に幸せで愛される人生を送りましょう！

この本を読み終えてからも、マインドが継続して上向きになるように、私からのとっておきのプレゼントをご用意しました。LINE＠で定期的に愛され成功マインドや男性心理や夢を現実にする叶え方や強運の秘訣など、様々なお役立ち情報を定期配信しています。ぜひお友達になって、夢へのツールとしてご活用ください。
そして、LINE＠でお友達になっていただいた方には、この本の幻の第7章PDFをお送りさせていただきます。
LINEの友達検索で「@kana.sugiguchi」と検索していただくか、
下記のQRコードを読み取ってください。

最後に、こうして本を出版できたのは、安田喜根社長をはじめとする評言社の皆様、惜しみないコンサルやフォローをしてくださった星渉さんの大きなサポートがあったからです。

そして、愛するパートナーや大切な友人、ヴィーナス婚活塾の塾生、ドレスアップミーのメンバー、チーム秘書、ブログ読者様、ＳＮＳのお友達、私と関わってくださるすべての皆様に心から感謝申し上げます。

大好きなヴィーナス婚活塾のみんな！　教えを素直に実行し、たくさんの奇跡や感動を見せてくれたからこそ、この本は出来上がりました。私にたくさんの学びや幸せを与えてくれて、本当にいつもありがとう！

心からの愛と感謝を込めて。

２０１９年１月

杉口　加奈

【著者プロフィール】

杉口加奈　Kana Sugiguchi

株式会社プリラヴィーナ代表取締役。一般社団法人ブリリアントライフビューティーズ代表理事。エグゼクティブ婚を叶える♡ヴィーナス婚活塾 主宰。
自分が変われば世界が変わることを説いた恋愛婚活ブログが幅広い女性の人気を集める。主催する講座やセミナーは、毎回キャンセル待ちが出るほどの大盛況で、自分を貫いた生き方がシングルウーマンだけでなく、既婚者層にも支持を得ている。“宇宙と繋がる”をテーマとしたオンラインショップAMOREや各専門のビューティー講師を集結させたトータルビューティースクールの運営も手がけている。

杉口加奈　オフィシャルサイト（Kana Sugiguchi Official Site）

- HP：https://kanasugiguchi.com
- Blog：https://ameblo.jp/miracle-happy222/
- Instagram：@ kana_sugiguchi22
- Twitter：@ miracle_cana
- LINE @：@ kana.sugiguchi

妥協するなら結婚するな！　無敵の婚活女［ヴィーナス］

2019年2月14日　初版　第1刷　発行
2019年4月　1日　　　　第2刷　発行

著　者　　杉口 加奈
発行者　　安田 喜根
発行所　　株式会社 評言社
　　　　　東京都千代田区神田小川町 2-3-13 M&C ビル 3 F（〒 101-0052）
　　　　　TEL 03-5280-2550（代表）
　　　　　http://www.hyogensha.co.jp
印　刷　　中央精版印刷株式会社

ISBN978-4-8282-0702-5　C0095